扬州

韦明铧 编

城事百年

最是多情广陵水

苏州新闻出版集团

古吴轩出版社

　　"城事百年"丛书，讲述老城市们的老、旧和曾经的年青、曾经的新、曾经的风姿绰约，以及新老交替间的悲欢离合、人文变迁、社会变革。

　　历史是活着的记忆。

　　感谢百年前一批又一批知名或不知名的作家、学者、记者、居民、游客等，正是他们的遇见、感动，才给今天的我们留下宝贵的文化遗存和历史的五味杂陈。

　　因为他们的讲述，老城市们复活了，繁华的街道、逝去的风景回来了，我们的感怀饱满了。

前　言

韦明铧

扬州是一个容易怀古的地方。前人常做的题目之一是《维扬怀古》。

元人汤式有散曲《维扬怀古》，写作者月夜眺望扬州一带的江上，听到的是箫声，看到的是空楼，想到的是锦帆，不由得触景伤怀，叹道："锦帆落天涯那答，玉箫寒、江上谁家？空楼月惨凄，古殿风萧飒。梦儿中一度繁华，满耳涛声起暮笳，再不见看花驻马。"这是由隋炀帝的锦帆，想到了扬州的今昔。

明人曾棨有七律《维扬怀古》，也谈到了锦帆："广陵城里昔繁华，炀帝行宫接紫霞。玉树歌残犹有曲，锦帆归去已无家。楼台处处迷芳草，风雨年年怨落花。最是多情汴堤柳，春来依旧带栖鸦。"好像一提起扬州，就会想起隋家旧梦。

《红楼梦》里的薛小妹在她新编的怀古诗里，除了《赤壁怀古》

《钟山怀古》《淮阴怀古》之外，还有一首著名的《广陵怀古》。薛小妹的诗，平心说写得不算差："蝉噪鸦栖转眼过，隋堤风景近如何？只缘占尽风流号，惹得纷纷口舌多。"人们一直猜测薛小妹的诗影射什么，有一点是不用猜测的，就是仍然写的隋家兴亡。

本书中的文章没有隋炀帝那么遥远，不过是民国间事，或是民国人写。书中所辑的文章，都与扬州相关。内容以游记为主，也有记事、抒怀、忆人、谈书的，总之不拘一格。

民国早期的文章，带有文言色彩，中后期基本上是标准的白话文。但是民国时期的白话文，与当下的白话文也有微妙的区别。除了一些词语的用法与今天有所不同之外，也不像今天有的这么矫情。

这本书和我 2001 年编的《绿杨梦访》有很大不同，除了保留部分篇目外，做了大量调整。陈含光的《芜城沦陷记》、王钟麒的《扬州饥民惨状记》都是新增加的，能够直接反映当时扬州的社会面貌。章炳麟的《熊成基哀辞》、周瘦鹃的《我与李涵秋先生》也是新增加的，可以见到扬州先贤的一鳞半爪。对于扬州旧籍的评说，增加了罗振玉的《〈广陵冢墓遗文〉序》、杜重远的《为〈闲话扬州〉纠纷进一言》等。这些文章就像周作人的《扬州画舫录》、陈含光的《〈扬州丛刻〉序》一样，并非我们今天一般理解的那种辞藻华丽的美文，然而他们铅华洗尽，素面朝天，却是真正的学人风范。民国时期的笔记品种很多，其中涉及扬州的内容极为丰富，碍于体例，不能全录，节选是最宜的路径。因为数量多，也只能浅尝一脔，如李警众的《破涕录》、蔡云万的《蛰存斋笔记》。

有几篇长文如《邗上指南》，是慕相中先生提供的，无论是内容和形式都值得特别的介绍，值得推荐和阅读。据慕相中说，《邗上指南》稿本底部虫蛀严重，缺少文字较多，经过他的整理和朱福烓先生的校勘，才成为比较完备的读物。此书甚为罕见，一经喜阅书坊印行，立即得到读者的好评。此次收入本书，编者又改正标点，详加校订。

是书的文章，大约分为四辑：城郭远眺、湖山寻梦、市井写真、艺海泛舟。其中一些文章是难得见到的，如田野农的《广陵纪游》、白月恒的《扬州记游》、胡伦清的《瘦西湖》等，反映了民国时期的扬州虽然繁华不再，历史余威依然不减当年。此外，民国公子袁克文为扬州仪征籍鸳鸯蝴蝶派作家毕倚虹长篇说部《人间地狱》写的序，近代扬州旅台先贤陈含光为陈恒和书林鸿篇巨制《扬州丛刻》写的序，扬州文人李伯通为自己所著与李涵秋《广陵潮》不分伯仲的说部《丛菊泪》写的叙言，都独辟蹊径，别开生面，让读者看到一个陌生而又熟悉的扬州。把这些难得一见的珍馐奉献于诸君，我感到一阵愉快。

话说回来，这些文章大都见于旧报章，年长日久，鲁鱼亥豕，亦是难免。如今整理出版，自当勉力校对，尽量避免讹误。同时，也发现其中一些文章偶有误书，如白月恒《扬州记游》云："随园有

'绿柳城郭是扬州'之佳句，古人传诵，遂相沿以名城。"实则此非袁枚诗句，而是王士禛诗句，原句是"绿杨城郭是扬州"而不是"绿柳城郭是扬州"。又如李根源《镇扬游记》云："买舟渡江，达福荫码头，换乘汽车，约行三十里，抵扬城东福荫车站。"此处"福荫"均应为"福运"，扬州城南旧有福运门，并无福荫门。即如朱自清先生在《说扬州》中也写道："城里城外古迹很多，如文选楼、天保城、雷塘、二十四桥等。"实则文选楼、雷塘、二十四桥固然在扬州，而天保城却在南京紫金山。扬州蜀冈只有"堡城"，并无"天保城"，朱自清的这一疏忽我早年发觉，在此稍加订正，也算是对前贤的负责。凡此，编者随文酌加小注。另外有些文章，看似闲中着色，其实别有寓意，如李涵秋的《记猴戏》是写街头耍猴子的，结尾却笔锋一转："夫猴戏虽假，而演之者则真。今日吾国号称共和政体者，奈何有其名而无其实耶？"

扬州不但是一个容易怀古的地方，也是一个容易做梦的地方。杜牧《遣怀》说："十年一觉扬州梦，赢得青楼薄幸名。"梦中的扬州总是美的，好像汤显祖《牡丹亭》中唱的那样："雨丝风片，烟波画船，锦屏人忒看的这韶光贱。""烟波"二字，竟把所有的乡愁、怀旧、伤逝等意象都包含了进去。然而梦总是要醒的。董伟业《扬州竹枝词》咏道："梦醒扬州一酒瓢，月明何处玉人箫？"在历经无数风雨之后，旖旎的扬州梦终会醒来。

书稿编成，聊书数语，以为开场。王稼句先生对于本书的策划、陈雪春女士对于本书的体例，均极为用心；扬州慕相中先生对于本书的插图，金石声先生、王虹军先生对于本书的旧照，也贡献很大，谨表示衷心的感谢！

二〇一九年一月八日于扬州初稿

二〇二〇年五月八日于墅园修订

目　录

第一编
城郭远眺

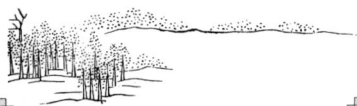

志成印书馆：
此书之作志在切实简捷

志成印书馆，民国时图书出版社，位于扬州贤良街，一九一四年创办，出版《玉钩斜》《邗上指南》等。

例　言

一、此书扬州考证，悉依据汤公亮先生《扬州历史教科书》为标准，其余则择自各笔记中，并请由先生鉴正后始复印。

二、此书之作志在切实简捷，不欲过费诸君客邸中之光阴，故各古迹仅撮其大要，虽未免挂一漏万，然欲考其详，则有志书在。

三、各古迹仅有其名而无其地者，如争春馆、东阁、芜城、隋宫、玉钩斜、斗鸭池、重城、萤苑、鸡台、明月楼、竹西亭、九曲池等，不可胜纪，此书则一律芟除，以免无南可指之诮。

四、各古迹如甘泉山、古井寺、大仪镇、张纲沟等，不可胜纪，因距城较远，今暂不录。

五、此书于商店，则仅录其大者，以为诸君子之导，余则概略。

《邗上指南》书影

六、地名除街名外，小巷不录。

七、此书用五号铅字复印，装成袖珍本，最便携带。

序

丙辰之秋，予有《邗上指南》之辑，客有问于予者曰："吾闻之，昔皇帝创指南车破迷雾，而蚩尤以败，周公仿之示远途，而越使以归。今商埠名胜，乃有指南之书，或因市廛广布，示旅客以径途，或以山水清佳，引游人而入胜，此指南之作。若扬州者，既非都会大埠之属，又无吴山越水之佳，虽江北之大邑，实内地之一隅也。论市廛则屈指可数，论游览则一目无余，而子乃有指南之作，得毋类井蛙之见乎？"

予曰："唯唯否否，小子之意，君殆未至知也。夫扬州者，晋唐以来，代有遗迹，风雅之士，辄留连而不能去。其著者，如谢安携东山之妓，何逊赋东阁之梅，杜牧之留薄幸之名，欧阳修遗风流之迹。况隋宫之旧址，尤历史之可传。他若王播之饭后钟声，韩琦之樽前花瑞，亦复脍炙人口，咀味无穷。然之数者，或书于史，或传于诗，先我有人，何庸予说。予兹者，采集诸书编为一册，欲使游扬之士，免检籍之劳，即得古人之趣，按图而索，不妨小试游踪，吊古有怀，尽可大发清咏，此亦游客之常情，雅人之深致也。"

是予之指南之辑，岂仅为诸君作来扬之向导，于旅行日记中平添一段资料而已哉！乃泚笔记之，以弁其首。

民国五年八月，编者识于扬州志成印书馆。

卷上　扬州略说

扬州名城之沿革

《禹贡》曰："淮海惟扬州。"《尔雅》云："江南曰扬州。"李巡注谓："江南其气躁劲，厥性轻扬。"盖彼时扬州实兼苏浙闽赣皖数省之地而有之。迨吴王夫差于广陵凿江通淮，名曰"邗沟"，并筑城其间。扬州今邑，即肇于是。广陵即今之扬州地也，秦汉之际，始曰"江都"。晋末北齐置广陵、江阳二郡，故江都亦称"江阳"。北周改称"吴州"，隋文帝复改称"扬州"（广陵即扬州自此始），后复改广陵县为邗江县。隋炀帝乃立江都县，并江都宫，唐复改扬州为邗州，后复称扬州，嗣或隶淮南道，或置广陵郡。五代之际，吴则置江都府。宋复废之，立广陵郡，寻复隶淮南道，又改扬州为淮南路，复改为淮南东路。元称扬州路，明改扬州府，清仍之。雍正十年，分析江都置甘泉县，同治一郡，乾隆三十三年，立东台县，自是扬州府共领州二（泰、高邮），县六（江都、甘泉、仪征、兴化、宝应、东台）。民国成立，裁扬州府及甘泉县，民国三年，复设道制，江都县遂属于淮扬道云。

邗沟旧影

扬州地理上与历史上的关系

昔吴王夫差开邗沟，通江淮，所以窥中原也。自是扬州与江南诸地之关系，乃至为密切。及东晋谢玄为兖州刺史，监江北诸军事，而北府兵（扬州居江北，故曰北府）之名大盛，后乃以八千人破秦兵八十万众于淝水，而东晋卒赖以偏安。至宋高宗驻跸扬州，建炎二年，金人紧逼，高宗欲渡江而南，召从臣问去留，时吕颐浩知扬州，请曰："愿暂留此，为江北声援，不然敌乘势渡江，事愈急矣。"帝不从，遂幸临安，而宋愈不振。绍兴四年，金人与刘豫分道入寇。帝命淮东镇抚使韩世忠御之，自镇江济师，亲提骑兵驻大仪（距扬州之西七十里）。金人至，设伏破之，擒其别将等二百余人。南宋中兴之武功，论者至推为第一。及明太祖起兵，缪大亨首率师取扬州，太祖以其地为要害，置江淮冀元帅府，命将军守焉，而中原卒以大定。比明末崇祯帝殉国，马士英立福王于南京，命史可法督师淮扬，开府扬州。可法屡请讨贼复仇，士英不应，请饷亦不发。翌年四月，清兵南下，招可法降。可法拒之，未几城破，可法死，南都亦破。

由是观之，扬州与江南诸地之关系，不亦重哉！今也时运变迁，南北交通，直由津浦铁道，而扬州遂退为内地矣。惟瓜清（瓜洲至清江浦）铁道方事筹备，他日此路落成后，扬州之事业，其亦将有振兴之一日乎？

扬州之形势与农势之关系

扬州形势，北扼长淮，南临大江，距淮三百余里，距江仅四十里。沿城东南临运河，运河即古之邗沟。北过长淮，遵运河达天津，南出瓜洲，西溯江汉，东下苏浙，当前清海运未通之际，沿江十数省漕舶，咸经于此。及至今日，海有轮舟，陆有汽车，扬州遂成寂寂无闻之内地矣。沧海桑田，不诚然哉！

城西曰蜀冈，冈峦起伏，亘连皖境，地势高燥，禾黍之属，全赖雨收。北有邵伯、洪泽等湖，地势平坦，田亩受湖水灌溉，亦较西路为丰腴。则里下河各县，地势渐卑，以临黄海。下河，即运河之东也。下河各县，扬属则有泰县、东台、兴化，若高邮、宝应，则半居下河，半居上河，禾田亦以各县为最。唯自淮河壅塞，淮水东下，仅归于湖，至每岁秋际，淮水涨发，湖不能受，水无所归，于是遂不得不泛滥于下河各县矣。下河各要口，平时虽筑坝，以阻其水之东下，然水一暴发，则仍须开放。频年以来，下河之田，屡受其害，然则导淮之举，又安可缓哉。南有诸洲临长江，江水一涨，则洲田立受其殃，以故沿江一带，咸筑圩以堵之，俗称曰洲圩。有时江水骤涨，圩不能堪，田亦受害焉。

扬州古迹小志

文选楼

在府东街小东门文选巷内，即今之旌忠寺也。相传为昭明太子选文处，隋炀帝尝幸此楼，见宫娥倚栏，风飘彩裙，因而色荒愈甚。夫萧梁庙社，皆成灰烬，独维摩读书之处，尚在人间，窃叹当年霸业，乃不如敝簏一编，流传千古也。（按：文选楼有二，一梁文选楼，在旧城旌忠寺；二隋文选楼，即太傅街西文选巷旧址，乃隋秘书监曹宪注《文选》处也。是楼乃清时阮云台太傅建家庙时重构者，中藏图书。伊墨卿有题联云："七录旧家宗塾；六朝古巷选楼。"）

蕃釐观

在大东门外，汉后土祠也。宋政和易此名，有琼花一株，类聚八仙，草色微黄飘香。欧阳修作无双亭覆之，因呼琼花观。淳熙间，寿皇移之南内，愈年而枯，送还复茂。绍兴辛巳，金主亮揭本而去。及元时，其种遂绝。呜呼！一花之微，而盛衰各有其时，今则余蘖无存，徒堪叹息，何况唐昌仙女，不可复见乎。噫，予之所慨，岂复一花也哉！（按：琼花叶平柔莹泽，花大瓣厚，相传为唐人所植，元时种绝。道士金丙瑞，尚以聚八仙补植之。）今琼花观中犹有一琼花台，然旧宇空存，荒台就地，虽欲寻聚八仙，亦不可得矣。琼花观在昔有三层楼，每岁重九日，都人士登高者多趋之，颇形热闹。自距今二十余年，前毁于火后，而此观遂益以沦替矣。每当岁寒，扬州向有粥厂之设，济穷民也。厂址有二，一琼花观，二石塔寺，予意石塔寺之为粥厂，可谓滥觞于王播随僧斋粥时代，倘使播而生斯世，当可无饭后钟之叹矣，一笑。然今之食粥者，如播其人，又安得万中寻一哉！

谢安宅

在运司街，今法云寺也。（按：晋谢安镇广陵时居此，手植双桧，至唐尚存。）夫典午渡江，符秦乘衅，非安殆将不保；棋墅逍遥，东山携妓，亦何损于文靖哉！此桧与召伯棠并传矣。（按：谢安宅，即今之谢公祠，与法云寺并列，前转运方司长，在祠前辟一巷，名东山旧址，通北柳巷，行人便焉。）

董井

在大东门外，两淮运使厅后，即汉董仲舒宅也。广川先生，为汉大儒，使终所用，必有可观。惜其见嫉当轴，远置江都，此地之幸，先生之不幸也。

石塔寺

在府治西，唐木兰院也。相传王播微时，随僧斋粥，僧厌苦之，饭后始钟。播题诗于壁，有"上堂已了各西东，惭愧阇黎饭后钟"之句。后二十载，出镇扬州，向题诗处，僧已碧纱笼矣，乃续云："二十年前尘扑面，而今始得碧纱笼。"播亦可谓得意矣，然炎凉多有，漂母岂易得哉。（按：此寺今在江都县西街。）

康山

在郡城徐凝门内，相传为开河时积土所成。明康状元南海，以救李梦阳罢官，隐居于此，佯狂玩世，终日对客弹琵琶痛饮而已，因以此得名，后乃为廷尉姚思孝别业。（按：余少时，曾读书于此。季子难逢，空笑尘编之有蠹；莱妻不愿，谁知旧井之无禽。每一经过，不胜今昔之感也。）

蜀冈

在府城西，延亘四十余里，一名昆冈。鲍照《芜城赋》"轴以昆冈"，盖指此也。上有蜀井，相传地脉通蜀，而一郡胜境，皆萃于此，郡人之艺花者，亦多居之。

迷楼

在城西北七里，隋炀帝以浙人项昇进新宫图，遂建此楼。使稚女居之，衣轻罗单裳，倚栏望之，势若飞举。又爇名香使烟气微茫，有若朝雾，谓之女神仙境。楼中千门万牖，上下金碧，工巧之极，自古未有，人误入者，终日不能出。帝喜曰："使真仙游此，亦当自迷。"因名之曰迷楼。后为唐兵所焚，仍即其地，造鉴楼焉。按：予儿时，犹及见之，今则为观音阁。呜呼！六代繁华，都归劫火，昔日雕甍，今成宝地。迷楼可鉴，鉴迷楼者，复何人哉！

平山堂

在府城西北五里，宋郡守欧阳修建，每政暇与客啸咏其中。夏日取荷花百朵，插四座，命妓以花传客行酒，往往载月而归。又以江南诸山皆拱揖于栏前，与此堂平，故曰平山，山特为此地拖蓝献翠耳。按：平山堂，出天宁门或北门均可往，如乘小舟尤佳。山有泉，唐张又新品为"天下第五泉"，至今尚在。

蜀冈远眺

芍药厅（附金带围）

在郡城东三里，禅智寺前，向子固所建。花时，聚一州绝品于其中，人争购之，唤为花市。宋韩琦守广陵，郡圃忽开金带围四朵，时王珪为郡守，王安石为幕官，及陈升之来谒。公命开宴，折花各簪一朵，后四人相继入相，盖花瑞也。今广陵芍药，其盛不复如前，如金带围者，绝不可得，时无魏公，花神亦复憔悴矣。（按：禅智寺即今上方寺，在东关外。）

二十四桥

出郭西二里许，有小桥朱栏碧甃，题曰"烟花夜月"。相传为二十四桥旧址，盖本一桥，会集二十四美人于此，故名。郡志谓："在城内有二十四桥，今不可考。"然禁筑繁华，风流盛世，尚可想见。读杜舍人之作"二十四桥明月夜，玉人何处教吹箫"，则其荒凉景色，在唐季已然矣。（按：西郭外二十四桥，今尚在，唯朱栏碧甃，亦不复见，仅有一小村落与一小石桥而已。）嗟乎！明月如常，玉人已杳。倘于月光入水中，睹此小村落，试一潜心冥想，尚能仿佛忆及当年朱楼碧宇时耶？

雷塘

在城北十五里，汉名雷塘，隋炀帝每携宫人来游，后即葬此。罗隐诗："君王忍把平陈业，只换雷塘数亩田。"亦已惨矣。今塚已平，并所谓墓田数亩，更不复为阿麼所有，茫茫野土，余魂何在？觉三十六封书，不抵淳于一梦。（按：雷塘即今之雷塘桥也。）

红桥

在城西北二里，崇祯间形家设以锁水者。朱栏数丈，远通南岸，虽彩虹卧波，丹蛟截水，不足以喻。而荷香柳色，雕楹曲栏，鳞次环绕，绵亘十余里。春夏之交，繁弦急管，金勒画船，掩映出没于其间，诚一郡之丽观也。（按：红桥，即今之大虹桥也，在北门外里许。如乘小舟至小金山，即过其下，唯朱栏数丈，早付劫灰，仅有石桥一座而已。）

广陵涛

在城东利津门之南。庚申秋，官河水涸，下露二泉，其水上涌，澜翻不竭，谓之曰涛，信有然矣。枚乘《七发》云"将以八月之望，观涛于广陵之曲江"，即此地也。夫广陵涛，在汉已艳称之，而今曲江之名，多无知者，岂山川之显晦，亦各有时耶？（按：利津门，即东关也。今此泉在东关内田家巷，已成为一寻常之井泉矣。）

梅花岭

在广储门外。明万历中，太守吴秀开河积土而成，旧名土山，后树以梅，因名。有塘，有池，有楼，有台，又名崇雅书院，盖诸生讲业并诸大夫期会所憩也。今毁，岭前有史相国可法墓，乃郡人葬其衣冠处也。嗟乎！芳树摧残一坏空在，谢皋羽不免作西台痛哭耳。（按：今史公祠有联云："数点梅花亡国泪；二分明月故臣心。"又曰："生有自来文信国；死而后已武乡侯。"皆贴切不移之作。）

茱萸湾

在城东北十五里，今名湾头。盖吴王刘濞开通海陵仓，隋仁寿四年开通漕者，今多为郡人送别之所。然由淮入海，由南至北，皆取道于此。逝水滔滔，古今不息，吾不知往来其中者，有几何人也，扣舷而歌，能无长叹。

小金山

城北一水，通平山堂，名瘦西湖，其东南有小金山焉，在城北约二三里。昔刘宋时，徐湛之建风亭、月观、吹台、琴室，植花药，种果竹，招集文士，尽游玩之适。至今虽历经重建，其迹仍在，风亭名未改，月观即东厅也，吹台今呼为钓鱼台。其一厅悬有联云："一水回环杨柳岸，画船来去藕花天"，则琴室也。每逢夏日，郡人咸乘小舟徜徉其间以为乐。日夕归来，小舟点点如蜻蜓，掩映夕阳，直如画境，而扬州之风景游览，亦以此为最盛焉。

法海寺、白塔与五亭桥

登小金山吹台西望，芦泽苍茫间，有白塔一，峭然而立，旁有五亭，横列水上者，即法海寺塔与五亭桥也。是塔与他塔异，无层级，无窗户，上锐如锥，下端如坛，名曰喇嘛塔。桥上建五亭，栏波而列，是盖清高宗南巡时，扬人建以点景者。

扬州杂录

王怀祖氏《读书杂志》历引史汉碑板，以证扬州"扬"字，隋以前从木，唐人乃误从手。

卢雅雨山人官两淮转运使，筑苏亭于使署，日与诗人相酬咏，见《扬州画舫录》。今人但知题襟馆，罕有知苏亭者。

阮氏云台家庙藏器，周虢叔大林钟、格伯簋寰盘、汉双鱼洗，今并无恙。唯全形推拓不易，因而真迹甚少。

江都薛介伯寿先生《学诂斋文集·甘泉山古井题字拓本跋》略云：“甘泉山古井寺栏镌字数十，文云：‘大宋元祐三年戊辰岁四月二十日于六峰马□山祁宅造东周王□。’拓本约径九寸，计二十七字，‘马’下似‘殿’字，‘王’下似‘记’字，字迹颇近米法，气势较宏敞。”云云。此井今尚在。

王渔洋有即席《浣溪沙·红桥怀古》词云：“北郭清溪一带流，红桥风物眼中秋，绿杨城郭是扬州。西望雷塘何处是，香魂零落使人愁，淡烟芳草旧迷楼。”神韵绝佳。

刘继庄《广阳杂记》：“维扬精忠庙，乃梁昭明太子文选楼故址。其殿额大雄之殿，乃唐颜鲁公所书，尚有诸天牌位，皆出鲁公手。后为王阮亭易去，唯存大殿额耳。后为岳武穆王改建，报忠也。其楼联云：‘一代忠臣寺；千秋帝子祠。’”精忠庙，即旌忠寺。

阮文达公归故里后，其年已过七十，精力虽疲，而神明犹昔，尚能作诗写楹帖。某扇上有所书七绝云：“小院康山隔一墙，康山草木太凄凉。四更残月秋凉重，飞出山中络纬娘。”清脆超逸，白石千岩，不能上也。

扬州三绝碑有二：一为唐吴道子画宝志禅师像，李太白赞，颜真卿书，谓之三绝，今在上方寺；一为元三绝碑，在三元巷后关帝庙，英济王碑，苏昌龄起句，冯子振脱稿，赵孟頫书，谓之三绝。咸丰三年，庙遂圮，此碑亦不见，越年过昭武将军第，见是碑卧于地，命工拓一本后，闻被昭武后裔孙某扛置家中。

扬州北门外铁镬，方圆径丈。余所见者，叶公坟左近三口。又二口，为阮文达公移置慧照寺，铁镬边刻移迁年月。至南门外四口，漠无所见。相传元镇南王所铸，而李王自成锅之称，实土人臆说。

盐运司署内，西园廊下，有石十六方置壁间。石上所勒，乃岳忠武奏草也。其稿系墨迹，为前运使方子箴所藏者。清季赵滨彦任两淮运使，方之孙某遂献之赵，赵乃摹之入石，以传不朽。今因推拓不慎，已有数方致裂云。

扬州旧俗，阴历十一月十五日为月当头，士林每藉之雅会宴饮，遣此良宵。盖是夜子时，月轮正当顶也。予初以为到处如是，后乃知其不然。洛阳又有日当头之说，乃五月五日，日轮正当顶也。然予辈居河南之南，乃从未见日轮在北，何也？盖该处地势颇南，故耳。扬州月当头，未知亦如是否？因忆扬州平山堂有联云："晓起凭栏，六代青山都到眼；晚来对酒，二分明月正当头。"此联洵属不能移而之他。

卷下　城门名称

旧城

大东门（一名先春门）、小东门，此二门现在城内城垣已经毁，

扬州城门一瞥

彻夜不关。安江门（即南门）、通泗门（即西门）、镇淮门（即北门）。

新城

拱宸门（即天宁门）、利津门（即东关）、广储门、便益门、徐凝门、通济门（即缺口门）、挹江门（即钞关）。

以上各城门，唯钞关与东关置水码头，每夜关城较其他门为迟。

城内街名撮要

旧城由东而西，则为大东门街、开明桥、四望亭、县学街、西门街。其南为十条巷、观风巷、院大街、中小街、玉带巷、义学街。其北则为材官巷（今称蔡官人巷）、北门街、北小街、双井街。

十条巷之中，有最著名之巷则为古文选里、太傅街、糙米巷。其东为务本桥、板桥，通北柳巷，又有小虹桥，通南柳巷，又有兵马司巷，通图书馆桥。

中小街之南，则为军厅街、府东街、南小街、落星街。其东则为三板桥、文昌阁、通泗桥、太平桥、文昌宫桥。其西则为府学街、府门口、海岛巷、仓巷。

旧城由南而北，则为南门街、三元街、院大街、北门街。其东则为寿安寺巷、堂子巷、何家巷、来鹤巷、甘泉街、前李府（即清白流芳）、后李府、毓贤街、旧安定书院巷、三元巷、古监院街。其西则与中小街通。

甘泉街之东，则为小东门街。其南则为太平巷、粉妆巷、常府巷。其北则为史巷、十条巷。

新城由东而西有街二：一由东关至大东门城外止；一由缺口至小东门城外止。

东关街以西则为止马桥、盛世岩关、彩衣街。其南则为田家巷、古巷、羊巷、问亭巷、琼花观巷、马监巷、薛家巷、丁家巷、牌坊巷、运司街、龙背、南蒋家墩。其北则为江家桥、大草巷、二郎庙巷、雅官人巷、剪刀巷、疏道理巷、广储门街、卞总门巷、弥陀巷、天宁门街、北蒋家墩。

江家桥通便益门，田家巷通北河下。

观巷以南，则为罗湾，东为琼花观街，西为地官第巷，与东圈门通。又罗湾以南有三条路：一为罗湾巷，通黄家园；一为湾子街，通马市口；一为皮市街，通蒋家桥。

马监巷通地官第。薛家巷通韦家井、斗鸡场、沙锅井。

运司街以南则为鹅颈项湾、北牌楼、教场街、南牌楼、辕门桥。其东则为探花巷、东圈门街、古旗亭街、马神庙巷、东营六条巷、得胜桥、三义阁街。其西则为东山旧址、贤良街、教场街、九如分座巷、静乐园巷、土地庙巷、参府街、新胜街。

东山旧址通北柳巷，贤良街通南、北柳巷，教场巷及参府街等均通教场，新胜街通大儒坊。古旗亭南有永胜街，又有通运街，北有灯笼巷，又有莲花桥。永胜街南通三义阁，西通东营六条巷，东通湾子街。通运街通玉井，灯笼巷通东圈门。

缺口街以西则为左卫街、多子街。其南则为南河下、流芳巷、南矢巷、蒋家桥、五城巷、傅家甸巷、犁头街、翠华街、戴家甸巷、十三湾巷、埂子街。其北则为北河下、崇德巷、北矢巷、南皮市、三祝巷、打铜巷、辕门桥、大儒坊。

南河下通康山徐凝门。蒋家桥东通红水汪，西通丁家湾，南通徐凝门。翠花街以南为砖街，东有苏唱街，通丁家湾，西有达士巷，通钞关。

砖街以南，东通李官人巷、仓巷及南河下，西通官沟头。三祝巷通石牌楼，打铜巷通马市口。

新城由南而北，亦有两条街，一由钞关至天宁门止，一由徐凝门屈曲至观巷止。

钞关以北，则为埂子街、大儒坊、南柳巷、北柳巷、龙背、天宁门街。其东为南河下、达士巷、连城巷、多子街、新胜街、一人巷、贤良街、东山旧址、彩衣街、尹家巷。其西则为太平码头、如意桥、亚子桥、图书馆桥、小虹桥、板桥、务本桥、大东门吊桥。

新胜街通教场街，一人巷通教场，西通旧城。

徐凝门以北而西则为蒋家桥，再北则为南皮市、北皮市。东为羊胡巷、红水汪、缺口街、芝麻巷、兴教寺街。西为花园巷、刁家巷、描金巷、左卫街、风箱巷、宛虹桥、板井巷。

芝麻巷通流水桥，兴教寺街东通双巷，北通安乐巷。花园巷西通居士巷，居士巷通引市街及丁家湾，东通大树巷。风箱巷通石牌楼，

022

宛虹桥通马市口，板井巷通灯草行。

补白：双井在西门内，本一井，盖置二栏也。相传此井昔为某姓物，兄弟析产，此井苦难均分，争不已后，乃置二栏，各由其道，以示不共产云。四眼井在常府巷内，乃一井四眼，不知何故。

旅行宿食起居略说

旅行莫先于舟车。吾扬铁路未兴，故舍汽车而言轮船，即以民船、藤轿、小车附于后。其次则为宿与食，宿必取其合宜，食必择乎可口，故旅馆、菜馆、茶馆，不可不详。余如起居宜乎清洁，方为合于卫生，故浴堂不可不记，而修头、修脚、洗衣，亦必各示。以用钱之法，故金融不可不知，由是通信需乎电话，通函需乎邮政，无不详载其所在地。俾人一览而即知，或于旅行者不无不补云尔。

轮船公司：戴生昌、天泰、大通、泰昌、利通、泰丰、招商、永和，均钞关外；大达，东关外。

轮船码头：钞关外南京班、镇江短班、镇江至清江长班；东关外往里下河班；缺口外霍家桥出江往上海班。

民船码头：南帮往苏杭者：钞关外、徐凝门外；北帮往高邮宝应者：东关外、便益门外；往里下河者：缺口外、东关外；锞船：钞关外。

藤轿：藤轿计分三种，并无参差，各要街皆有，以待乘客。定章每站五十五文，唯现在多不照章，每里约小洋一角。

小车：小车亦各街皆有，以待乘客，每里约铜元三四枚。

旅馆：旅馆上者以天成、广陵、中西、沧州等为最，均有电灯、铁床，价目每间每日自五角至一元，次者每日三五角不等。其余小客栈，则仅须百文，兹将上中等牌号、地址列后：天成（新胜街）、广陵（新胜街）、中西（新胜街）、沧州（南河下）、中和（南河下）、长春（南河下）、佛照楼（南河下）、迎宾馆（南河下）、德星（砖街）、荣华（三义阁）、三盛公（埂子街）、三义公（埂子街）、淮东（苏唱街）、凤台宾（古旗亭）。

菜馆：菜馆以老牌著名者，当推金桂园。以现下而论，则当推金魁园、迎春园，而迎春园，座尤宽展。清真则以天兴、公兴为最，天兴以排场占胜，公兴以味美著名，而锦源等则次之，价亦较廉。镇江馆则有品芳等，专注重早市，以肴蹄、汤包为专长，菜犹其次也。兹将各馆牌名、地址列后：金桂园（东关街）、金魁园（青莲巷）、迎春园（多子街）、醉仙居（左卫街）、聚财源（石牌楼）、巧园（大儒坊）、可可居（教场）、夺魁（砖街）、品芳（教场）、凤鸣园（砖街）、天兴（左卫街）、公兴（砖街）、兴隆馆（教场南）、锦源（鹅颈项湾）。以上除清真馆（即天兴等以下四家）外，其余早间并售碗面，且可炒菜。菜价则视物品价之高低为率，每样自二角左右至五六角不等。面价皆以分计，如六分、八分、一钱不等，每分十二文，一钱即小洋一角（大率八分居多）。

茶馆：茶馆有二。一曰清茶馆，注重在茶与干丝，其特点则不要小费，虽有点心，均系小笼，如来客要吃何物，该社可以代为办到。如教场中各茶社（名目甚多），除松园、得春外，其余皆为清茶馆。扬州茶社中最有名者为干丝，而干丝最佳者则教场东至静乐园也。二曰笼头店，除教场外，其余各街茶社均是，其注重在食品，以包饺为普通，余如水饺、烧卖、火烧等皆有。又有一种糖烧饼与葱油烧饼（俗称龙虎），今则唯有一家有此，即碧乡泉（砖街）是也，小账约照正账加一成。公园（南柳巷）、留园（新城五巷）、借园（得胜桥）及城外各茶社，又在清茶馆与笼头店二者之外。其茶较贵，实具有游览的性质，除茶、干丝、瓜子外，其点心如包饺、开花馒头、油糕、火烧等，亦均应有尽有。小账亦照正账约加一成，兹将各种价目列后：

教场内各茶社，与城外香影廊、庆升等普通列：

茶：每碗二十文、三十文，两人一碗，三五人两碗。

干丝：每碗四十文，每桌一碗，半个亦可，则二十文。

包饺（肉或糖）：每个四文，定做烧皮每个加一文，加馅加二文。

小笼点心：每笼十六枚，或二十枚，小洋一角。

（按：小笼点心、肉包饺、汤包、加蟹包饺、翡翠烧卖〔菜馅〕、水晶包子〔白糖馅〕、油糕、开花馒头等均有。每笼并可要两种花样，半笼亦可。）

本面：每碗大率以六十文居多，或干拌或带汤，听客自便。

小面：每碗四分。

火烧：每个十文，加油在外。

镇江馆肴蹄面：每碗六十文、八十文。

公园、留园、借园、绿杨邨等：

茶：每壶三分、五分、一角，两三人一壶。

干丝：每碗三分、五分，煮干丝一二角不等，听客自便。

瓜子：每碟三分、五分，不吃亦可。

点心：与教场略同。

以上均小洋。

纯素茶社：老龙泉（教场南）并包素席，点心每个三文。碗面计有二种，一酱卤，二清汤，每碗三分（小洋）起码，四分、五分、六分亦可。并可炒素菜，价目亦不甚昂。

水烟：各茶社与各浴堂均有，每客铜元一枚。

浴堂：浴堂分两种。一曰盆汤，计有永宁泉（三义阁）、华清池（新胜街），价目起码数十文，堂内均有悬牌，说明价目，并附混堂，听客自便。二曰池堂，各要街均有，唯赴浴者，须到内盆，盖外间皆下流社会也。内室雅座，每人约三十文至五十文。又有擦背下池（即代人擦背者，普通二十文，满擦者五六十文）等名目。至小账则视伺应之勤否，可随意给予铜元一二枚。

修头：整容室到处皆有，修面三五十文，剪发百文或小洋一角，亦视伺候之周到与否为断。

修脚：修脚者，浴堂内与茶社内均有，每次约百文，或小洋一角。

洗衣：每小衣一件铜元二枚，长衫四枚。

金融：墨西哥银元，及江南湖北之前清银元，造币厂、广东、民国大总统等，均一律通用，无所参差、小洋则通用湖北、江南、广东三种。

电话：电话总局在左卫街，有公用箱十所，分设各要地。如须使用，须纳铜元四枚，如彼端亦无电话箱，须由彼处公用电话转告者，收信人亦付铜元四枚。兹将公用电话十处地址列后：一钞关外官厅，二东关街官厅，三东关街九昌恒布店，四大东门内凤霞银楼，五文昌楼下，六小东门外慎和钱庄，七左卫街瑞华楼纸室，八丁家湾年纪，九南皮市街，十教场松园茶社。

邮政：邮政二等支局在砖街，其信箱则各要街均有。

电报局：南河下。

游览须知

出天宁门，沿城河西行，名曰下街。不数武，即有茶社二，一曰庆升，二曰香影廊，地势距城较近，游人啜茗，多驻于此。再西沿北门过问月桥，临城河，有茶社曰绿杨邨，布置较为雅洁，然茗价亦较高。中有亭曰竹香，晴时竹林中并设座待客，幽篁煮茗，风韵自然，诚逸趣也。问月桥北又有茶社曰李园，以艺花占胜，亦为游人憩息之地。此沿河一带，小舟数十，载客往来，至夏尤盛。舟于舣舟而待顾客者甚众。近岁以来，小舟并可由天宁门水关自由出入。游船计分三种，一游湖船，二有布棚之小舟，三小划船，价格亦各有不同。如乘小划船自城内公园至绿杨邨，或自城外至小金山，每舟可乘坐五六人，每次约小洋一角。唯值节期，游人较多，则船价亦昂。至有布棚之小舟，则较小划船略贵，而游湖船则大都按日计值，每日每舟约一二元不等。以上茶馆均于每年三月间始开，至十月间即止，小船亦然。

小金山者，四面环水，似镇江金山（昔日镇江金山亦四面环水，后因沧桑之变，江岸淤长，今则混连江岸矣）故名，为游人常至之地。以其较平山堂为近也，上有风亭居山顶，拾级登之，其风则飒然自至。其正厅额曰湖上草堂。其正殿所供，乃关帝也。其余厅事数所，并御碑亭一座，御碑者即清高宗南巡时之鸿爪也。寺中并备茗款客，行时每一客可与以铜元两三枚，如欲借彼处打牌亦可。欲果腹时，则寺僧且常备素面在，素面味颇不恶，且有素材以佐之（此项素面须成桌始能办），行时每桌多则给予二元（如用口蘑，每桌则酌加一元）。如由城内备席往，亦无不可，惟是茶水、柴火、饭食一切皆取诸寺内，以一日至搅扰，每日亦须给予两三元（虽两桌打牌，亦不过如此），至如借彼处款客宴饮等，均无不可，盖此虽曰寺，实名胜地，固应尔尔也。

登湖上草堂西望，有白塔一座，峙立对岸，其旁则五亭桥也。塔侧有法海寺，本名莲性寺，为扬州名胜之一。向有主持，并能备酒食款客，而猪头肉之美味，尤脍炙于人口。今则仅有一老衲看山，而房屋亦垂败，无复当年盛况矣。寄语诸君，游兴所至，不妨一临，唯如过彼处，幸勿效过屠门之大嚼也。一笑。

小金山对岸，有新建房屋，乃徐园也。徐园者，纪念扬州前辈统军徐宝山者也。现已就绪，尚有可观。

平山堂，距小金山并不甚远，如由小舟往，约需小洋一角有零即可。此山名胜，久著人口。舟入山港，但见南岸树木芦苇，葱郁蓊翳，而苍翠秀劲之气，复若蔼然迎人，山色湖光，可称双绝。约里许，抵山脚下，拾级登之，有寺在焉，颜曰"敕题法净寺"。东西寺墙各有巨石嵌置，东墙题曰"淮东第一观"，西墙题曰"天下第五泉"，字大如桌。入山门，过天王殿，复拾级而上，则大雄宝殿在焉。西有厅颜曰谷林堂，陈设颇精致。谷林堂之前又一厅，则平山堂也。堂南向，即五间，陈设亦甚精。登堂南望，一目无极，其景色之佳，则绝非作者之拙笔所得而述。前楹有五言巨联一，题曰："云中辨江树；花里弄春晴。"乃吾乡前清编修詹嗣贤所题者，字亦雄厚相称，其余佳联甚夥。诸君如登此堂，必有往复低回流连不忍去之意。

谷林堂后有长廊一，循而北行，则楠木厅也。厅适居大雄殿之后，厅中所供为欧阳公画像。像系石勒者，并有拓本可售，每幅约三四百文，厅前植有桂花，颇为静雅。

天下第五泉，在平山堂之西，中有花木假山，颇曲折，而御碑亭亦在焉。御碑亭者，乃清圣祖与高宗遗迹。第五泉，则唐人品为天下第五，以之煮茗，其佳可知。大雄殿之东则为方丈，有厅一曰四松堂，因有松四株，故名。再前则为平远楼，唯中无陈设，然望远则较平山堂尤高。

四松堂之后，又有一厅，中所供者，乃范文正公也。此厅无甚布置，题联亦较少。总之，平山堂者，不仅能望远已也，其曲奥奇肆无所不备。如舟已入山港，此寺虽连垣高厦，绝不轻见。及舟抵山脚，亦不过仅睹其山门而已。及人入其门，遍观一过，始得知其神妙处焉。虽曰地势使然,然欧阳公当日一片苦心,亦于此可见。(游人至此,自有寺僧献茶,招待游览,茶资与小金山略同。请客、宴会、打牌,亦与小金山大致相同。)

平山堂之东,曰观音山,虽无大景致,然香火则甚盛。每岁六月,香客纷至,远近数百里,莫不趋之,颇有江南茅山之概。六月十八日夜,天宁门与北门恒彻夜不关,其香客之多可知也。

天宁寺,出天宁门即至,规模甚宏大。门前有牌楼一,颜曰"万福来朝",扬州丛林以此为第一。其间房屋构造之高阔,为各寺宇所罕有。庄严宝刹,中为大雄殿,殿后为楼,尚未竣工。两廊长约半里许,后为藏经阁,系三层,建筑甚固。寺中有僧百数人。方丈室颇精致,游人至此,辄不忍舍去,此无他,盖无纤毫之尘俗气,自具一种静逸的美感故也。此寺寺产颇丰,清高宗南巡时,并留有鸿爪。游人出天宁门,每闻一杵钟声,飞来墙外,即天宁寺钟也。

重宁寺,居天宁寺之后,亦丛林中之振振有名者,规模宏大。虽逊于天宁,然以结构精巧胜,大雄殿顶仿金山殿式,尤为一郡所无。寺产亦丰,所有房屋甚曲折精致,中并有放生池。门前石狮,亦与他异,其面正向,不知何故。以上二寺,游人如遇寺僧献茶时,可酌与以铜元数枚。

史公祠,居广储门外。东者为墓,墓居梅花岭前,岭上尚有梅数百株。西者为祠,二门并列,式相仿。祠内供有史公画像,并有手书遗迹,有碑纪焉。又有当日遗炮一尊,留为纪念。东则诸群房,室颇修洁雅致,而逸韵复过之,在扬州当推此为第一。再东则为墓。

史公祠

在昔祠内群房中，并煮茗专待客，今则改由天宁寺僧兼理。游人至此，僧亦邀客献茶，并领客游览，行时可酌与以铜元数枚。

史公祠之东为都富二公祠，再东则为徐公祠，乃祀扬州徐前军统宝山者，中有徐之铜像。房屋系中西式合参，然无甚景致，欲观铜像，须给予看祠者铜元一两枚。

徐公祠后则为萧孝子祠。孝子名曰潢，前清江都诸生（康熙人），曾以割肝愈母疾者，卒以创溃殁，里人葬于梅花岭侧，并建祠以祀之。

扬州公园，在南柳巷，本旧城城址，清末时始建。今虽任人游览，然俨然茶社矣。

图书馆，在公园之北，亦旧城城址，唯房屋落成后，即为公共之地。今则为县教育会与教育产业经理处，而府学内则有通俗图书馆在焉。

扬州艺花者，以北门外居多，而观音山一带为最盛，花苑络绎六七里。南门外宝塔湾一带，亦有数苑。噫！岂隋宫三千女，不欲久甘地下，故化为奇葩，以与人争妍斗艳耶？各花四时咸具，菊花尤盛，价值亦不甚昂，若雨水过重，则花市亦为之减色。

附扬州八景：

城闉清梵　绿杨邨侧慧因寺

白塔晴云　法海寺塔

梅岭春深　小金山

虹桥修禊　大虹桥

香海慈云　观音山

蜀冈列障　平山堂

邗上农桑　小金山对岸之课桑局

春台祝寿　今省耕旧社

官厅局所地址

盐运使署（运司街），江都县署（府学西），江都县监狱（甘泉街），警务公所（东关街），警务分所一（三元宫）、分所二（三祝庵）、分所三（旧皇宫西）、分所四（文昌宫）、分所五（钞关外），警察教练所（东关街），陆军七十六混成旅（旧参府街），两淮缉私统领（东关外五台山），宪兵司令部（马神庙），盐务稽核造报分所（运署内），经理场运局（左卫街），烟酒公卖局（地藏庵），清理官产处（旌忠寺），台营官地局（甘泉街），保墓局（史公祠），扬关（钞关外）。

社会机关

江都县教育局（图书馆桥西）、教育财产经理处（同上）、江都第一区市教育会（北柳巷董子祠）、江都第一区市教育局讲演所（新城东关街武当行宫、旧城县学门首）、通俗图书馆（府学内）、阅报社（北柳巷董子祠）、江都县商会（左卫街）、商专（甘泉街）、江都县农会（北柳巷）、救火联合会（辕门桥）。

学校地址

省立第五师范（大汪边）、第八中学（羊巷）、第六工厂（东关街二郎庙巷）、美汉中学（便益门街）、县立甲种商业（引市街）、私立甲种商业（花园巷）、县立第一高等（琼花观）、县立第二高等（府学内）、扬州数学专修科（佑圣观），市立国民学校共十七所（徐凝门街、左卫街傅家匄、常府巷、三元巷、三祝庵、南河下、毓贤街、古观音寺巷、琼花观街、县学内、便益门外、南门外、西门外、北门外、马神庙、全节堂、南门刘猛将军庙），两淮公立国民学校（北柳巷、万寿寺、曾公祠、武当行宫、石牌楼、双忠祠、赞化宫、北门武庙）。

两等小学：师范附属（左卫街）、安徽旅扬（花园巷）、丹徒旅扬（张回回巷）、运商公学（花园巷）、僧立（宛虹桥）、清真（得胜桥）、明德（羊巷）、辨明（便益门街）、私立铸英（运司街）、私立乐群（运司街）、代用国民学校（佑圣观）、私立求新（昇平巷）、私立基圣（堂子巷）、私立启智（古旗亭）。

初等小学：平民小学（广储门街）、作新（小井巷）、启幼（钞关外）、安乐（安乐巷）、培元（安乐巷）、清真第二小学（东关外）。

女子学校：甲种女子师范（广储门街）、信成女子中学（便益门街）、女子公学（广储门街）、育英（太傅街头）、开敏（南柳巷）、浸会（引市街）、三育（卸甲桥）、懿德（贤良街）。

会馆公所

山陕会馆（东关街）、湖南会馆（南河下）、湖北会馆（南河下）、江西会馆（南河下）、安徽会馆（花园巷）、岭南会馆（新城仓巷）、嘉兴会馆（新城仓巷）、江宁会馆（小板桥）、京江会馆（埂子街）、场商公所（三元宫）、运商公所（南河下）、绸业公所（南柳巷）、广业公所（南柳巷）、药业公所（南柳巷）、钱业公所（左卫街）、布业公所（灯笼巷）、米业公所（北柳巷）、柴业公所（贤良街）、肉业公所（贤良街）、木业公所（三义阁）、衣业公所（弥陀巷）、茶食业公所（马监巷）、榇业公所（地藏庵东）、瓦匠公所（南河下）。

祠宇

府学（文昌楼）、县学（四望亭）、武庙（北门）、董子祠（北柳巷）、谢公祠（运司街）、史公祠（广储门外）、阮公祠（太傅街）、曾公祠（北河下）、吴公祠（稽家湾）、都富二公祠（广储门外）、双忠祠（三祝庵）、萧孝子祠（广储门外）、昭忠祠（院大街）、节孝祠（埂子街）、徐公祠（广储门外）。

教会

圣公会（便益门街）、浸礼会（卸甲桥）、内地会（皮市街）、天主堂（缺口街）。

清真

清真寺（南门大街、马监巷）。

庵观

旧城：石塔寺、古观音寺、西方寺、旌忠寺、吉祥庵。

新城：万寿寺、兴教寺、准提寺、孝贞庵、地藏庵、天寿庵、报恩寺、月宫庵、玉皇阁、睡宫庵。

南门外：高旻寺、宝轮寺、静慧寺、福缘寺。

西门外：隆庆寺。

天宁门外：天宁寺、重宁寺、建隆寺、龙光寺。

缺口街外：长生寺、卧佛寺、普照寺、智珠寺。

慈善事业

红十字分会（东关街）、因利局（新胜街）、务本堂（北柳巷）、扶元局（北柳巷）、立贞堂（左卫街）、全节堂（左卫街）、崇节堂（北河下）、育婴堂（大元）、济良所（左卫街）、栖流所（北河下）、庇寒所（北河下）、妪栖所（北河下）、宝济局（皮市街）。

医院

红十字会扬州医院（东关街）、邗江医药局（古旗亭）、广陵中西医院（埂子街）、两淮官医局（北柳巷）、浸会医院（卸甲桥）。

书籍报章印刷业

志成印书馆（贤良街）、圣道书局、教会书（贤良街）、广益书局（教场南）。

石印书：同文书局（多子街）。

旧书：文枢堂（辕门桥）、文富堂（辕门桥）、文海楼（教场街）、翰墨楼（鹅颈项湾）。

报章：扬州日报（图书馆桥西）、民声日报（南河下）、申报分馆（砖街）。

印刷：江北印刷公司（五城巷）、大中华石印社（参府街）、作新社（埂子街）。

商店撮要

金融：中国银行（左卫街）、交通银行（左卫街）。

钱号：晋康（砖街）、瑞泰（辕门桥）、兆昌（辕门桥）、庆和（辕门桥）、德余（辕门桥）、德春（院大街头）。

金珠银楼:宝盛金珠（多子街）、宝源（多子街）、宝庆（左卫街）、福兴（教场街）、丹凤（辕门桥）、九华楼（多子街）。

绸缎：庆懋复（多子街）、天孙锦（辕门桥）、宏兴（辕门桥）、复隆昌（辕门桥）、合泰祥（辕门桥）、庆元祥（辕门桥）、乾顺泰（辕门桥）。

洋布棉纱:一言堂(辕门桥)、福源祥(辕门桥)、裕长泰(多子街)、乾丰豫（多子街）、元升（教场街）、元丰（教场街）、华章（辕门桥）、宏大（辕门桥）、福记新号棉纱（辕门桥）。

顾绣京货:恒源盛(多子街)、亿顺源(西门街)、章开泰(辕门桥)、义和（教场街）。

草衣皮革：厚昌祥（左卫街）、顺昌（参府街）。

电灯：振明公司（钞关外）。

保险:华安（左卫街）、金星、福安（新胜街）、允康（新胜街）。

照相：映月轩（多子街）、印真（多子街）、是耶非（傅家甸）、小洞天（左卫街）、四美（教场）、丽真（丁家湾）、映柳（大儒坊）。

衣服:德隆（教场街）、源裕（石牌楼）、源昌（多子街）、阜成（北运司街）、福和（北运司街）。

帽:万福斋（辕门桥）、夏德源（教场街）、戈正泰（教场街）。

鞋:万福斋（辕门桥）、荣祥（辕门桥）、美丽（辕门桥）、荣茂（多子街）、瑞昌祥（教场街）、兴盛祥皮鞋（辕门桥）。

袜:陈大兴本袜(教场街)、通益机袜(教场东首巷)、华昌机袜(鹅颈项湾)、石林记机袜（益仁巷）。

纸：云兰阁（辕门桥）、五凤楼（多子街）、莲青斋（辕门桥）、伦芳阁（左卫街）、瑞华楼（左卫街）、泰记（教场街）。

笔墨：文宝斋（运司街）、文竹斋（埂子街）、韦锦山（埂子街）、蒋玉山（东关街）、一品斋（鹅颈项湾）、翰宝斋（辕门桥）。

古玩：韫宝斋（辕门桥）、锦华斋（辕门桥）、峻古斋（辕门桥）、宝兴斋（教场街）。

漆玩：梁福盛（辕门桥）、吴荣盛（多子街）。

钟表：厚记（教场街）、赵福泉（左卫街）。

香粉：谢馥春（林裕隆对门，辕门桥）、戴春林（有勒石府示，埂子街）、大福春（辕门桥）、薛天锡（多子街）、林凤春（多子街）。

洋杂货：同和（鹅颈项湾）、永泰祥（教场街）、裕丰和（教场街）、瑞和祥（教场街）、信源（教场街）、鸿源（教场街）、厚康（教场街）、森茂祥（砖街）、广泰恒（辕门桥）、鸿新昌（辕门桥）、涌丰厚（辕门桥）、新泰祥（多子街）。

烟：森泰和（古旗亭）、德泰和（教场街）、益泰和（砖街）、大生裕（辕门桥）、景阳春（丁家湾）、赖大有（皮丝，教场街）、赖天成（皮丝，教场街）、吉昌隆（皮丝，辕门桥）、林裕隆（皮丝，辕门桥）。

茶号：景吉泰（辕门桥）、张福泰（辕门桥）、祥和（辕门桥）、泰和（辕门桥）、刘人和（多子街）。

茶食：大麒麟阁（辕门桥）、广福昌（砖街）、大同（多子街）、稻香村（多子街）、五云斋（左卫街）、九如斋（左卫街）、麦香村（鹅颈项湾）。

肉食：杨森和火腿（彩衣街）、老陆稿荐（砖街）、紫阳观（多子街）、钜泰（左卫街）、盛兴（左卫街）、义兴昌（埂子街）、德昌源（运司街）、陆广泰（教场街）。

酱园：何公盛（埂子街）、四美（东关街）、朱万顺（东关街）、徐恒大（达士巷）、源丰（北门街）、光明公司酱菜（教场街）。

参药房：李松寿（教场街）、大德生（教场街）、鹤龄堂（教场街）、养和堂（多子街）、良济（多子街）、协茂（多子街）、朱天德（辕门桥）、同松（左卫街）、彭泰和（左卫街）。

西药房：屈臣氏（多子街）、维新社（多子街）、泰西（多子街）、五洲（辕门桥）、大英（辕门桥）、中法（辕门桥）、中美（教场街）、东亚（教场街）、中西（教场街）、延年寿（左卫街）、华美（左卫街）。

缝衣机器：胜家（教场街）、胜康（教场街）、汪启源（多子街）、谈涌茂（多子街）、瑞昌祥（辕门桥）。

烟袋：徐天和烟袋（辕门桥）、恒达利烟袋（辕门桥）。

木器：宁广源（新胜街）、陈聚兴（缺口街）。

漆器：德和祥（辕门桥）、同泰（左卫街）。

当典：朱长龄（埂子街）、阜成（运司街）、济源（左卫街）、德兴（缺口街）。

染坊：美丽（左卫街）、华丽（教场街）、锦成（教场街）。

盐垣：东关街、西门街。

柴篷：南门、钞关、徐凝门、缺口、东关各门外对河一带。

米业：城内贤良街，城外则凤凰桥（出北门二三里）、司徒庙（出北门四五里）。

油坊：南门外。

酒行：东关、便益门、钞关各门外。

红木几座：打铜巷一带。

瓷器及瓦器：（按：瓷器店无甚大者，辕门桥有数家，瓦器则东关外。）

八仙行：便益门外。

仙果行：东关外。

北货行：东关外。

（原载《邗上指南》，一九一六年出版。此文经慕相中整理，刊于《民国扬州旅游指南》，喜阅书坊二〇一八年印行）

舍 予：
富春花局之茶社茶客独多

讲述人生平不详。

　　五载不来广陵，足迹所注，颇有变迁，因拉杂记之。江北长途汽车，自发售游行券以来，交通骤称便利，时间较省四五小时，唯路虽开拓，惜尚不甚平坦。是日只备两辆，致三座位而容纳四人，幸为时仅三十余分钟（由六圩至扬），不然者，身体困挤不堪矣。

　　文峰塔即南门对岸宝塔湾之塔，修整一新，偕清磬拾级登临，隔江诸山，宛在目前。

　　北门外瘦西湖，游人已不逮夏令之盛，然操船业之船娘，仍傍岸而待。由天受、清磬指示，得睹所谓大总统者名小银子，殊未足称。

　　史公祠驻兵开拔，得入观览。昔年先公所书"君去社已屋，我来梅正花"一联，尚悬在祠之中央。

　　徐园即旧有倚虹园故址，有乾隆碑石，另筑一亭安之。园景亦颇不恶，特未知毕倚虹君以为如何耳！

法海寺之锥，近今鸠工整拾，广陵人士，对于最高问题，亦正兴复不浅。

五亭桥畔，有凫庄者，占地不多，别有风趣。瘦西湖别墅，当如此为嚆矢（闻为陈君绣虎家所营）。

城内公园有男女合演之戏院，台柱为坤角白凤英。曾听其《玉堂春》，材尚可造，唯配臬司之角，不穿蓝官衣，改着绿蟒，可算特别改良。

挂炉烤鸭，除两京外，当以广陵著。马仁兴尤为吃客所赞许，该主人近在校场另开兴隆馆，因之门庭如市。

茶肆近年以富春花局之茶社茶客独多。

菊花，广陵颇多佳种。将届花期，而予已返沪渎，是一瞥中之憾事也。

（原载《申报·自由谈》一九二三年十一月五日，原题《广陵一瞥》）

田野农：
史阁部祠内葬史公衣冠冢

讲述人为诗人，具体事迹不详。

甲戌春三月，余因事赴广陵，待探北郊诸胜。别后萦回，颇多留恋，爰纪雪鸿，以告来者。

余此行适合古人"烟花三月下扬州"句，以是逸兴至酣。首谒史阁部祠。祠在城北天宁寺东，内葬史公衣冠冢（史为有明人，事详史可法故事）。四归杂植松石，绿草鬞长，几过胫膝。冢后为梅花岭，以洞门深扃，未获一观瘦貌，憾甚！继谒灵堂，见英姿奕奕，不觉肃然起畏。堂上联云：

　　　　数点梅花亡国泪，
　　　　二分明月故臣心。

又有一联云：

君去社已屋，

我来梅正花。

惜余来时，不值雪令，梅未放苞赏人也。余有诗云：

松风梅岭夕阳楼，烟景凄凉话古州。

回首胡儿强秣马，空教壮志永千秋。

天宁、重宁二寺，为扬城仅有崇院，寺址广各二百歠，殿宇巍峨，气象森严，夏日游人咸作逭暑胜境焉。尤奇者，寺后一侧楼，下设巨缸，直径竟达三四尺。重宁寺则套院约百椽，入其地几迷不复出，梵语钟声，如临身佛国矣。余有即景诗云：

丛林绀宇映斜辉，石级苔深过客稀。

遥听春禽鸣古殿，晚钟出寺送人归。

环城纤柳，由此直泻瘦西湖。是知古人"绿杨城郭是扬州"句，不我欺也。舟过绿杨邨时。余有诗云：

湖水半篙添，城春柳线纤。

隔堤遥望处，风透酒家帘。

过绿杨邨，为西园曲水，是地久耳其胜，奈何门终年扃闭，仅从柳底略睹红亭翠竹影耳。春色暗藏，何尔尔耶？

过虹桥，即瘦西湖领域。是处长堤春色，尽入画中，湖面平静，柳烟倒映。"瘦"名非偶然也。余亦有诗云：

> 底事男儿志气销？为因争看美人腰。
> 烟鬟绰约浑无恙，只少隋楼月下箫。

徐园为徐宝山灵祠，三面环湖，倚柳而居。园内亭榭楼台，荷池桥石，疏杨嫩草，翠竹奇花，无不点缀隽绝。兹录数联，亦聊见胜概矣！

> 庙貌旁湖山，十里声歌疑奏凯；
> 楼台现金碧，三春草木总腾辉。

> 大树应常春，隔岸莺啼杨柳绿；
> 名园临曲水，卷帘鱼嗫荷花红。

> 金焦影，广陵湖，绿杨城，平山风月，惟愿匕邑无惊，
> 闲遣诗情画稿；
> 帝子花，宫人草，阁部梅，将军棠舍，每值春秋佳会，
> 缅怀儿女英雄。

读"当日风云随叱咤，至今草木识威名"句，想见徐公之为人矣。园内有冶春诗社，为邑人吴次皋、杨丙炎等创设，极一时唱和之盛。是为后社，又有正社筑北门外，均荒芜凄绝，无复当年盛状矣。余凭吊良久，口占一绝云：

匠心惊四座，有酒半窗明。

此日都成梦，寮奢叶上声。

对岸小金山，屹峙瘦西湖中，址不甚广，而竹院洞庭，环湖点翠。若湖上草堂，若月观，若风亭，若钓台，无不各尽其妍也。余有诗云：

任是丹青开九面，总教难与此湖邻。（瘦湖与小山为邻确佳）

一亭搜尽千山色，梅岭春深不问津。（岭虽深而山实小，故不必问津也）

湖上草堂有一联，集王羲之兰亭句云：

此地有崇山峻岭，

是日也天朗气清。

月观中有联云：

今月古月，皓魄一轮，把酒问青天，好悟沧桑小劫；
长桥短桥，画栏六曲，移舟泊烟渚，可堪风柳多情。

好句属吾曹，几度闲吟，正绿剪烟芜，红吹云树；
凭栏刚落日，千年此地，有泉名第五，花种无双。

余咏《月观》诗云：

湖山十里暮漼收，载酒狂吟独夜舟。
花影半移人半醉，一弯斜挂柳梢头。

莲性寺一名法海寺，位于五亭桥次，与徐园、小金山成三角式。寺后喇嘛塔，传乾隆南幸时，一夜建成。寺有静堂，曰"妙音胜境"。中供长丈余之一笔"鹅"字。联云：

瘦影在窗，梅花得月；
凉云满地，竹叶笼烟。

五亭桥重建后，焕然一新，铃鸣画阁，又复古声，命人忆隋世龙舟之盛也。傍桥有凫庄焉，昔为某巨绅私墅，今则绿柳环渚，红

五亭桥倩影

桥断岸，游舟或一拢此，弄笛迎风，别一胜境也。

平山堂位于五亭桥西北里许之蜀冈。进山为法净寺。寺左仙人旧馆内，即平山堂是也。堂前沿阶列曲栏，栏外翠竹扶疏，横遮天日。由猗猗中南望，则千里青峰，历历在目也。记其堂联云：

眉上千峰都入画，
胸中万壑欲吞堂。

余有诗云：

山堂确比连山平，碧落幽栏秀色盈。
最是清风被密翠，千黧一雨嫩新晴。

昔欧阳修读书在此，有联曰：

六一居士，到今俎豆；
三千世界，如此江山。

法净殿后，为六一先生石像祠。当未进祠时，遥视黑面白须，及近则面白而须黑矣！亦奇迹也。山左如第五泉、双鹤冢、待月亭、乾隆御碑、石洞诸胜，山右如文章奥区、平远楼、万松岭诸胜，均剥落不足纪。余剥平山八景碑全副，借作纪念也。

余如东冈之观音山，南门外之文峰塔，东关外之长生寺，西门外之二十四桥，城内琼花台、石塔寺等胜，现均荡然不称其名，兹亦不赘述矣。

（原载无锡《民智月报》第三卷第十期，一九三四年出版，原题《广陵纪游》）

桥　西：
见扬城古塔岿然傍天际

讲述人为广东人，具体事迹不详。

予旅京口，每于天日晴美，携瞭远镜，登金山慈寿塔，于依稀云树中，见扬城古塔岿然傍天际，遂慨然兴往游之念。顾人事鞅掌，卒卒鲜暇。值辛亥先烈断头折臂所赢，遗一日之休息，予遂于此一日中，克了夙愿。然则予之游扬，谓之先烈所赐，亦无不可，归而志之，亦以不忘诸先烈云耳。

是日上午九时，自镇江发，乘招商小轮，同行者郭、何、朱三君。于十二时抵扬，访新河湾某商号憩焉。其主人导观龙衣庵，相传此庵，乾隆于此晒龙衣，故名。庵甚狭小，偶像排列殆遍，所供高宗龙牌，尚未弃去。庵居女尼二，中年老子一，老翁一，翁老而耄矣，白发垂垂，目双瞽而面若涂朱。予进庵时，见翁坐，口喃喃诵不已，若不知予等人者。女尼出问予，喧佛号，为设茶。其中年女子，问予邦族甚悉。予告以广东，女子云，亦曾居广州三年，言广州风俗颇悉。予叩以老者喃喃何为，答云，老者修行十数年，其诵者《金刚经》或《心经》也。庵门前植白果树二，大数抱，枝柯二者如一。既出，遂由主人饬人导予入城，税一旅舍居焉。

既至栈，午餐后，乃由栈仆导予游何园。园构造略似苏州之留园，而泉石之胜过之。唯留园池边之石，奇峰绉云，如万山屏拱，而何园则无此景。园荒废已甚，衰柳残荷，栋宇凋敝，无处不起凄其之感。架上书卷，蠹蚀已遍，予颇叹惜。守园者更指楼上所藏，云视此奚止千倍，自主人逝后，已供蠹鱼嬉游宴息之所，此区区者亦何足悼。又指观山石，云叠此石时，胶石之灰，皆以糯米饭同捣，用糯米亦一百余石。取其灰视之，坚乃过于石。其余玩器书画，多不足观，美者当已移去。总观园之构造，楼宇云连，泉石幽曲，不可谓非一大观。然树木太少，又无隙地，此则为可訾也。古人造园，以空地多，树木浓，庭院但隐约于深林之中，使游者遥指为某院某馆，而遍目皆丘林繁卉，方不乖园字之义。

既出，至万佛楼，楼中遍壁皆小佛。有一睡佛，其大过于人，欹倚于床，曲肱枕首，承以锦褥，覆以绣被。此则寺僧诡谲之术，设为奇特，炫妇女之耳目，而借端以敛财者也。出万佛楼，乃往北郭观徐宝山祠。其祠不甚宏丽，中立宝山铜像，其侧又一军官铜像，云是浦口战死者。两铜像均衣戎装，曲其手，似握所佩剑。然又无剑，岂为人取去耶？其像铸造之法，至为恶劣，一似未经刮磨也者，其神气则更不堪问矣。且铜像皆制作古铜色，此则金色，如佛殿之如来。其立台亦制以铜，高阔仅尺有奇，此均得未曾见。予过香港，见汇丰银行之铜像，立以大理石之台，神采奕奕，其余所见，亦皆精神勃然。其立台皆筑以石，高盈丈，镂制至精。今观于此，委琐阘茸，诚不啻霄壤之别。

出祠不数武，至天宁寺，建筑宏伟，颇具大观，而其精丽不及京口金山。因已下午五时，暮烟已迷，遂归寓。稍憩，食于迎春园，饮馔殊劣，而拭面之巾，恶气攻人。其杯盘之属，皆不洗涤。役人特为予等设洋式玻璃杯，而此杯则糖腻胶手。盖扬州之酒，多制以糖。糖质之多，无异洋酒之口力沙，而此杯则饮罢未经洗濯者也。其役人亦至庸劣，每捧茶酒，必以大指竖杯中，而指之没于茶酒中者盈寸。草草果腹，遂归寓。朱、何二君，倦游一日，九时鼾声作矣。予与郭君畏生床帐，二时始入寐。是夜扬城，云缉获数党人，陡起戒严，遍搜客旅，而南河下且断交通。寓主要予觅保，予谓予既有保人，则不必寓旅舍矣。后被嬲不已，乃倩□□号盖戳作保。夫扬州水陆梗塞，地非要害，纵能占据，亦不可守，党人虽愚，当不至是，此亦侦探求售之诡术耳。

十一日六时起，盥濯毕，进食。七时出寓，至天宁寺略憩，赁游湖艇，八时启棹，先经城濠，然后至湖。湖阔不数丈，至小金山而稍宽。湖水清浅，深仅没膝，满生碧茜。两岸垂杨疏荻，交映水面，青翠接人。微风乍动，芦叶瑟瑟作响，而碧波微绉。时见鹅鸭游泳，小舟横水，画船三四，参差欸乃。舟行未几，绿杨邨酒家在望，碧帘直揭。既乃抵小金山，楼舍虽非宏壮，而玲珑纤巧，三面皆水，石栏围绕。坐栏稍憩，湖光媚人，有小山叠石作岩壑，崎岖穿石而

天宁寺

上，约略似金山之顶。望五亭桥、法海塔，已在咫尺。下山在僧舍稍坐，复出，乃行至堤上。堤长十余丈，两边植杨柳，堤之尽处有亭。立亭际，望桥、塔更近。总观小金山之胜，湖光柳色，秀淡已极。驻足其间，恍如入世外桃源，无复有烟火气。予为之流连不能遽去。既登舟，犹回眸瞻望。舟行初便欲至五亭桥、法海塔。舟子云：先到平山堂，返棹乃游桥上。于是直诣平山堂。望两岸，时见高阜，而湖中亦有小丘。予阅《扬州鼓吹词》序云："扬州有蜀冈，延亘四十里，一郡之胜，皆萃于此。"而扬之冈陵，实未有长至四十里者。蜀冈之迹，得勿此耶！而炀帝之艳迹，所谓玉钩斜、雷塘诸地，亦终难得其遗址。

十一时至平山堂。平山堂建于宋郡守欧阳修，临民之暇，啸咏其中。夏月取荷花百朵，插四座，命妓以花传客行酒，往往载月而返。前辈风流，于此想见。平山堂之名，盖以江南诸山，皆拱揖于槛前，与此堂平，故曰平山。予登高而望，但见峰峦献秀，草木际天。游观之美，可云至极，无怪永叔当日流连。堂建筑亦精美，内供奉永叔像。像为石刻，气度雍容，具见儒臣风度。而永叔像前复拱一神位，曰"刘云大仙"，新若初构。予询僧，刘云为何人？僧云，去年曾驻兵院落，蹂躏不堪，大仙于是显灵，自称刘云，呵止之，不听，毙十余人，因此遂从祀永叔云。不伦不类，姑妄言姑妄听耳。既乃访第五泉，稍憩，汲水煮茗，然殊不见芳冽，此则沙弥不谙煮法。复用铜鼎，又无佳茗，非泉病也。座中复来日人三名，僧酬应周到，欢迎尽至，胁肩之态，笔不可罄。吾国民每见外人，辄都如此，一若得外人之一顾一笑，便增莫大之荣。嗟乎！此非个人人格之问题，实一国命运之所攸关也。予此来，小金山、平山堂，见题壁之诗，颇有佳什，不似京口诸胜，丈二诗人之多也。一江之隔，风气不同如是。遍览一过，遂出。

　　既下平山堂，见山下一石碣，峨然高立，就读之，为处女李媛墓。著碣者乃其师，述处女庐陵人，居扬州，饶于财，然布衣蔬食，不以豪富自恣，好读书，初学于沪，鄙沪上风纪之不整，归扬，从之游，专攻古文辞，旁及诗赋英文算学，慕桐城吴芝瑛之为人，不幸以病卒，享年二十有一云。碣建于宣统末年。读既，乃循路登观音山。山之庙宇，不甚可纪，唯略高，望江南诸峰，如屏而拱，更胜于平山堂也。榜人谓二月十九观音诞辰，士女倾城出，衣香鬓影，当有可观，此时唯衰梁败宇耳。遂下山登舟，返棹至五亭桥，登焉。桥筑以白石，建造甚宏，桥顶建五亭，故名。复至法海塔，其祠庙已就倾圮，唯乾隆之碑尚峨然峙立，其余则蔓草荒烟而已。披荆剪莽，始得步至塔下，塔形如瓶，不甚高，中实，穴一洞，内供佛像。就塔下樵妇问之，谓是西方接引菩萨云。予更欲至念四桥，榜人云，是处景物荒凉，不堪触目。因时已过午，须急回寓，遂不果往。然读杜舍人"玉人何处"之作，则知荒凉不自今日始矣。乃下舟复过小金山，看垂杨画宇，仍然对岸低回，殷殷期后会也。舟泊天宁寺，登岸，至酒家午餐，匆匆返寓，已二时十分矣。遂出寓，乘轮渡江而归。

（原载《古今游记丛钞》卷十六，中华书局一九二四年七月出版，

原题《扬州纪游》）

朱偰：
楼台烟雨倍增思古之情

朱偰（1907—1968），浙江海盐人，经济学家、历史学家，曾制止拆毁南京明城墙。著有《金陵古迹名胜影集》《玄奘西游记》等。

当年驻跸忆江都，佳丽东南冠旧吴。
十里楼台临曲沼，九重宫阙起云衢。
笙歌不改芜城日，烟柳犹怀大业初。
明月依然人宛在，不堪回首吊茱萸。

繁华人未识干戈，胡骑频来几度过。
十夕屠城惨日月，三军殉节壮山河。
妆楼半掩美人尽，碧血长埋衰草多。
千古梅花岭上望，伤心旧迹涕滂沱。

尝读《渔洋诗话》，至"绿杨城郭是扬州"句，悠然神往。
二十三年秋，会德友博尔士满有扬州之游，邀余同往，遂欣然偕行。游踪三日，秋霖连绵，然楼台烟雨倍增思古之情。

九月十五日，发自秣陵，驶京杭公路，向句容前进。一路烟雨霏霏，六朝山色，在有无之中。过句容，分程向镇江，有小九华山，峭然天际，主峰屹立，众山拱揖，云气霭霭，俨然一奥区也。过商骊山，驶行二山间，峰回路转，十里长山杳然在望。时雨云漫漫，峰峦隐现，烟景极佳，过午至镇江，于风雨中渡长江，金山犹可见，焦山、北固则半隐烟雨中矣。

渡江罢，乘镇扬长途汽车，径驶扬州。夹路垂杨万缕，水道纵横，可半小时，扬州已在望。长垣隐隐，舳舻相属，想见当年全盛景况。渡运河，入福运门，扬州街道狭小，犹多石砌，盖视江南诸城，犹多少保存本来面目也。入城后，寓绿杨旅社，即出天宁门，访瘦西湖之胜。

当门为天宁寺，扬州第一大刹也。入山门，庭院重重，梵王宫殿，高出重霄。中为大雄宝殿，后为千佛阁，再后为藏经楼，凡高三层。登楼而望，前则重檐复宇，楼台相属，后则阡陌纵横，目极蜀冈、小金山、法海寺、二十四桥，错落烟雨之中。天宁寺旧有浮图，今已圮，遗址且不可考。江都刘梁嵩《登天宁寺浮图》诗云：

摄衣兰若引丹梯，塔影层开落照齐。

空外人穷千里思，望中鸟与数帆低。

下方香霭分钟磬，远浦烽烟暗鼓鼙。

极目晴江如画在，不堪风景古今迷。

天宁寺一角

海门李潜昭《登真州天宁浮屠》诗云：

绝级攀登畏夏寒，朝余雨气挂危栏。

山陵特望云涛冷，天地周看甸服宽。

渡处我思泥马异，战时人说水犀繁。

几多遗恨存今古，北固龙冈两倦看。

出寺，霖雨未霁，买棹泛瘦西湖。绿杨万缕，城郭迢递，将近虹桥，见桥外长堤似带，绿荫如幔，所谓长堤春柳是也。自此而往，船在绿水中行，塔影波光，碧水无际，瘦西湖雨景，倍增娇慵。昔尝读白石道人诗：

自作新词韵最娇，小红低唱我吹箫。

曲终过尽松陵路，回首烟波十四桥。

恍如梦寐，今日游此，倍觉依依。过小金山，五亭桥亭亭在望，日已垂暮，因急驶平山堂。过二十四桥旧迹，暮色苍茫，至平山堂，山门已闭，不得已，转棹归舟。时夜色深沉，暮雨转急，但闻霖雨与晚潮相激，作满耳潇潇之声。过虹桥，已不辨东西，楼台垂柳，尽作黑影幢幢，仅有时于柳荫深处，见灯火闪射而已。

归途成七绝四首，以志所感：

潇潇暮雨下扬州，十里垂杨绿影稠。
夜色渐深风雨急，微茫何处泛归舟。

淡烟微雨隔迷楼，万缕垂杨古渡头。
二十四桥人去后，空余旧迹满扬州。

风流往事只堪哀，歌舞丛中征战来。
鸡犬无声夜寂寂，二分明月上城隈。

维扬往事最凄凉，叹息当年接驾忙。
碧血未干迹未扫，忍将歌舞媚胡王。

翌日天色阴沉，雨犹未已，再出天宁门，访梅花岭史公衣冠冢。至则一抔黄土，掩映秋木丛中，天光惨淡，风雨凄其，瞻仰遗容，不禁涕泗滂沱。墓旁有铁炮一尊，刻有崇祯年号，相传系史公守城御敌之器。按史公以一介儒臣，死守扬州，卒以殉难。时将骄兵惰，自相携贰，左师楼船东下，黄得功调兵西上，以至淮南一带，千里空营。清兵渡河而南，如入无人之境，独公以儒臣临戎，坚守维扬，三军殉节，气壮山河，此有声有色之悲剧，固不独为扬州增光已也。世之说扬州者，往往侈谈林苑台榭，歌舞声色，殊不知扬州于历尽繁华而外，犹数被民族战争之创痕。昆山龚贤《扬州曲》：

史可法衣冠冢

江上谁传战鼓来，流亡士女哄如雷。
月明今晚天街静，十二城门到晓开。

避贼还须先避兵，六街鸡犬夜无声。
妆楼半掩美人尽，茉莉花开香满城。

于咏扬州诸诗中，别开一格，袭君亦有心人哉！渔洋《梅花岭怀古》情意宛转，含怨言外，后人读此，不禁心悲，录之以备省览：

梅花岭外夕阳时，步屟重来有所思。
异代衣冠余蔓草，千年伏腊只荒祠。
芜城落日人烟杳，瓜步清秋戍角悲。
萧瑟西风松柏树，春来犹发向南枝。

谒梅花岭既毕，遂泛舟西上，再访瘦西湖。从天宁门经问月桥至虹桥一带，竹木蓊郁，清流映带，其间水榭透迤，楼台相望，似粤之荔枝湾，而秀媚过之。按扬州自六代以来，宫观楼阁、池亭台榭之名，盛称于世，自北门至平山堂十余里间，画栋飞甍，绿荫相属。自数经兵燹以后，名园亭榭，半为榛芜，袁子才去古未远，已有池台草莽之慨。至于何逊东阁，昭明选楼，徐谌之风亭月观，遗墟泯灭，更所弗论。盖维扬一隅，数经兴废，今日而登临游览，诚有不胜古今盛衰之感者矣。过西园曲水，即为虹桥，吴绮《扬州鼓吹词序》云：

> 在城西北二里，崇祯间形家设以锁水口者。朱栏数丈，
> 远通两岸，虽彩虹卧波，丹蛟截水，不足以喻，而荷香柳色，
> 曲槛雕楹，鳞次环绕，绵亘十余里。春夏之交，繁弦急管，
> 金勒画船，掩映出没于其间，诚一郡之丽观也。

按：虹桥旧名红桥，乾隆二十七年始改今名，桥旧以板为之，
王渔洋《红桥游记》所谓"如垂虹下饮于涧，又如丽人靓妆袨服，
流照明镜中，所谓红桥也"。时渔洋与袁于令、杜濬诸名宿修禊红桥，
有《冶春诗》二十四首，一时互相唱和，传诵遍海内。渔洋《香祖笔
记》称曰："《冶春诗》独步一代，不必如铁崖遁作别调，乃见姿媚
也。"自是过广陵者，多问红桥矣。渔洋又有《浣溪沙·红桥怀古》三
首，并录如左：

> 北郭清溪一带流，红桥风物眼中秋，绿杨城郭是扬州。
> 西望雷塘何处是，香魂零落使人愁，淡烟芳草旧迷楼。
>
> 白鸟朱荷引画桡，垂杨影里见红桥，欲寻往事已魂销。
> 遥指平山山外路，断鸿无数水迢迢，新愁分付广陵潮。
>
> 绿树横塘第几家，曲栏杆外卓金车，渠侬独浣越溪纱。

浦口雨来虹断续，桥边人醉月横斜，棹歌声里采菱花。

以余观之，《浣溪沙》三首诚可独步一代，"绿杨城郭是扬州"且当传诵千秋。至于《冶春诗》二十四首，则纤巧而已，未足多称也。

渡虹桥，为长堤春柳，系黄为蒲别业。沿堤高柳绵亘，数百余步，旧有浓阴草堂、跨虹阁、浮春滥、晓烟亭、曙光楼诸筑，今并湮没。自桥上而望，仅余一堤烟柳，水天相接，虽台榭荒芜，而风光胜绝。

再前，过春雨廊、绿杨湾、荷浦薰风、香海慈云诸胜，湖面稍阔，望长桥临水，有亭翼然，即长春桥也。未至桥，即折而西，泊于小金山，湖心律寺在焉。山不高而秀媚，寺无塔而玲珑，岛中亭台水榭，绝曲折之致。旧有梅岭春深诸胜，更有玉版桥以通南岸，今桥已废，行人于徐园欲往小金山者，须唤渡矣。寺西半岛临水，有亭翼然，前作月门，左右方楹、游人未登亭，即见月洞门中，五亭桥掩映水上，左侧方窗中，白塔岿然天际，取景至妙，俨如图画。即此一亭，可见匠心之巧。吾国建筑师，布景取物，入画而兼有诗意，非胸有丘壑者，不克臻此也。唤渡至徐园，旧有桃花坞、疏峰馆、蒸霞堂诸胜，今园亭改建，亦颇错落有致。沿湖而西，为莲性寺，一名法海寺。寺在保障河（即瘦西湖）中央，前临法海桥，却依白塔，塔右为得树厅，今皆完好。唯春雨堂、夕阳双寺楼、云山阁等，俱不可考矣。明桑乔《法海寺》诗云：

野寺滨寒水，山僧卧白云。

066

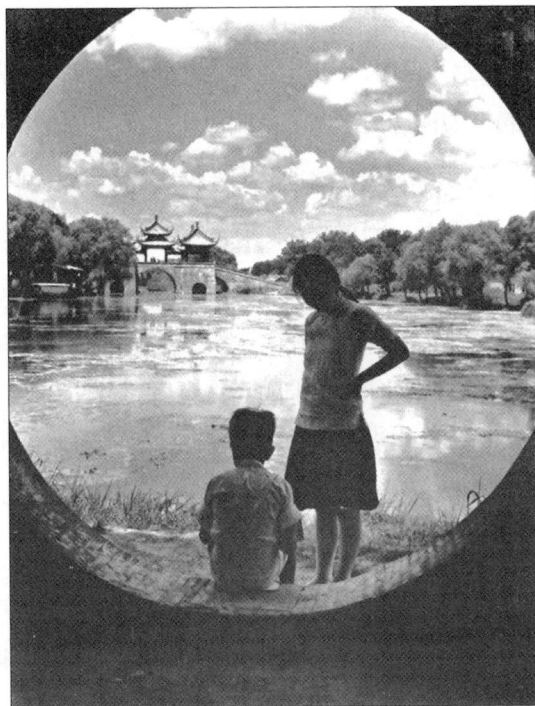

如画瘦西湖

鸟啼花竹杳，日出曙烟分。

宝筏迷方渡，金经贝叶文。

西郊天宇豁，山势欲纠纷。

出寺门，临水为凫庄，中川堂故址也。竹径深杳，有危楼据水角，临水长廊曲槛，如旧春雨廊制。由此望莲花桥，五楹相属，亭亭水上，波光桥影，掩映绿柳朱栏之间，景殊富丽。桥系巡盐御史高恒建。上置五亭，下列四翼，洞正侧凡十有五，月满时每洞各衔一月，金色湨漾，卓然殊观。过桥顿觉荒落，所有玲珑花界、平流涌瀑、篆园花瑞、石壁流淙、蜀冈朝旭诸胜，尽付荒烟蔓草。两岸丘陇纵横，白杨萧萧相闻。将近蜀冈，望楼阁高耸入云者，观音阁也。舍舟登陆，拾级上观音寺，寺踞山巅，宋宝祐志作摘星寺。明洪武间，僧惠整建观音寺。寺最高处为观音阁，系迷楼旧址。《古今诗话》云：

炀帝时，浙人项昇进新宫图，帝爱之，令扬州依图营建。既成，幸之，曰："使真仙游此，亦自当迷。"乃名迷楼。

《南部烟花录》亦云：

炀帝于扬州作迷楼，以极娱乐，上安四宝帐：一曰散春愁，二曰醉忘归，三曰夜含光，四曰延秋月。后人即其址，为摘星亭。

杜牧诗云：

> 炀帝雷塘上，迷藏有旧楼。
> 谁家唱水调，明月满扬州。

今日登临其地，想见当年千门万户，复道重檐，飞栋浮甍，三十余里。然而豪华消歇，烟云尽散，平陈功业，仅换雷塘数亩。"地下若逢陈后主，岂宜重问后庭花？"盖诗人恻隐之作，意至可悲也。流连久之，乃下楼而西，过万松亭、尺五楼旧址，访平山堂之胜。

平山堂在府西北五里，临蜀冈上。宋庆历八年二月，庐陵欧阳修守扬州时，为堂于大明寺之坤隅，江南诸山，拱揖槛前，若可攀跻，故名曰平山堂。按大明寺即古栖灵寺，又曰西寺，以其在隋宫西，故名。旧有浮图，《大观图经》云："隋文帝仁寿元年，以诞辰诏海内清净处立塔三十所，此其一也。"后以毁废，明天顺间复建，今已无存。李白《秋日登扬州西灵塔》诗云：

> 宝塔凌苍苍，登攀览四荒。
> 顶高元气合，标出海云长。
> 万象分空界，三天接画梁。
> 水摇金刹影，日动火珠光。
> 鸟拂琼帘度，霞连绣栱张。
> 目随征路断，心逐去帆扬。

露浩梧楸白，霜摧橘柚黄。

玉毫如可见，于此照迷方。

今大明寺已改名法净寺，梵宫嵯峨，庭院深杳，西为平山堂，建筑盖已千余年矣。嗣后频经兴废，屡加修茸，今日犹巍然蜀冈之上者，六一居士感人之力也。登堂而望，大江前横，隔江六朝山色，在有无之中。刘敞《登平山堂寄欧阳内翰》诗云：

芜城此地远人寰，尽借江南万叠山。

水气横浮飞鸟外，岚光平堕酒杯间。

主人留客来何暮，游子消愁醉不还。

无限秋风桂枝老，淮王仙去可能攀。

欧阳修和云：

督府繁华久已阑，至今形胜可跻攀。

山横天地苍茫外，花发池台草莽间。

万井笙歌遗俗在，一樽风月属君闲。

遥知为我留真赏，恨不相随暂解颜。

自后题咏记载，多至不可卒读，然而写景摹胜，无出此右者。堂后有祠，祀欧阳公石刻遗像，瞻仰遗风，令人兴高山仰止之感。

平山堂西有第五泉。刘伯刍谓水之宜茶者七，扬州大明寺井第五泉也（扬子江为第一，惠山石泉为第二，虎丘石井为第三，丹阳寺井为第四，扬州大明寺井水为第五，而松江第六，淮水第七）。实则水味有美恶而已，欲举天下之水，一一而次第之者，皆妄说也，欧阳公《大明寺水记》已论之详矣。

归过二十四桥遗址，望绿杨深处，画舫低回，丝管繁奏，清歌宛转，如读《扬州画舫录》。入城已黄昏，乃于翌晨烟雨中，发自城南，举目长垣，不胜依依之感。斯行仓卒，未尽游兴，苦夫登临凭吊，从容徜徉，当以俟之异日矣。

二十三年九月二十五日稿

（原载《汗漫集》，上海正中书局一九三七年四月出版，原题《扬州纪游》）

白月恒：
扬州物产有谢馥春之颜粉庄

白月恒（1876—1940），一名白眉初，满族人，人文地理学家。著有《国界小志》《直隶叙谈》等。

是日十一点，搭天泰轮船，北赴扬州。下午三点抵扬州，雇竹轿入钞关城门，往糙米巷钱宅。四点余，钱君敏伯偕余等出外散步，穿小东门街及多子街（凡娶妇者彩轿必经之），北为左卫街。由多子街右折为辕门桥街、教场街，再转折至教场，为茶馆之所荟萃，耍货摊之所聚集之地。旋即归宅休息。

按：扬州（江都县），在苏州西北四百二十里，南京东北二百里，镇江之北四十里，北京之南两千两百七十五里。沿革，春秋时先属吴，后属越，战国时属楚，为广陵邑。汉属吴国，景帝四年改为江都国。三国初属魏，继属吴，后复属魏。隋开皇九年始改称扬州，置总管府。大业初府废，立江都郡。唐屡改南兖州、邘州、扬州、广陵郡等称。五代初，杨吴都此，改江都府。后属南唐，以为东郡。宋元以来，扬州之名不改。

城筑于明嘉靖三十四年。自旧城东南角起，折而南，循运河而东，折而北，复折而西，极于旧城之东北角止，计十里有奇。为门十，曰南门，稍东曰钞关（旧曰挹江），曰徐宁（便门），曰阙口，曰东门（利津），曰便益，曰广储，曰天宁（拱宸），曰北门，曰西门。

翌晨，与钱敏伯尊翁钱瑞生先生相见，先生印祥保，别号讱庵，宦游豫省者有年，年周花甲，精神矍铄。谈及北京规模，诸多变易，先生倾听之下，若不胜今昔之感者。未几，有他客来访，余遂辞出，约敏伯出游，先生送至大门之外。敏伯引余与高君，至多子街迎春园小酌。迨出园已傍午，乃步行至新桥（原名图书馆桥）下，登画舫。

扬州城东南临运河。此部运河，即吴王所开之邗沟，又即隋炀帝于大业元年发民十万所复通之邗沟。自山阳至扬子江三百余里，广四十步，旁树御柳，中泛龙舟，以肆其荒淫之境者也。虽然炀帝任一时之骂，而启唐宋元明清一千年漕运之利。东南为财赋之区，唐宋则由邗沟、淮河、汴河、渭河，而集其财贿于关中大梁。迨元明清，则溯泗水，会通河、卫水、潞水，以达于北京。今按邗沟之水，资于淮而非淮之尾闾也。自元季黄河夺淮水之路，历数百年，而洪泽以东之淮渠尽塞。合桐柏、嵩嵩、潜霍以东数十万方里之水，汗漫东流，出洪泽而郁郁不知其所洩。遂不得不假道高宝诸湖，及邗沟一线，以洩滔天之势于长江。洩之不畅，则洪水为患，此去岁之所以有江苏之水溢也。今为江北民生计，盖莫要于导淮。在昔黄、淮、运三水争长之时，犹能萃全国精力于清江浦，俾淮泄黄流，运船不滞，而洪泽不湖。潘季驯治河之材，良足称也。今则黄避于鲁，运不专漕，已易为功。而江淮之民，袖手若忘，此真以民为儿戏者哉！一虎一豹，锁之犹有出柙之危，乃举万水合流之长淮，锁之于洪泽之滨，巫支祈氏（淮水之神）其有不时肆狂怒者哉！

今由新桥登画舫，其水即引自运河，入南城出北城为瘦西湖，以尽于蜀冈西侧，古所谓二十四桥之地，而今名之曰市河者也。无何，敏伯之三弟字同叔，及敏伯之幼儿名运文者，携一家人并至，乃泛舟北行。穿虹桥、新板桥、旧板桥、务本桥，出北门水关。西看，有问月桥，水浩瀚而清澈，两岸野草花黄，垂杨丝绿，风光已自怡人。敏伯告余曰，此即绿柳城郭也。随园（应为王渔洋——编者注）有"绿柳城郭是扬州"之佳句，古人传诵，遂相沿以名城。又曰，前面竹翠柳青，草亭若画之处，即绿杨邨也。未几，舟抵村边，余辈登岸，步入村中，盖即一茶园酒肆。然草堂敞豁，纸窗疏离，南北两部约十余间，竹案藤椅，布置其内，颇饶雅趣。而窗前篱上，好花缀红，弱萝蟠绿，倚岸一带，新竹数十茎，垂柳无际，诚佳境也。旋复乘舟，过钱园。园在绿杨邨南，盖即钱敏伯家之游园也。辟地数亩，方在布置经营中，桃花绚烂，而牡丹未开。稍一盘桓，即登舟顺流东转，穿虹桥之下，入长堤春柳之区。平畴绿野中，水光清澈，弱柳摇风，无何水面愈宽，盖泛如瘦西湖矣。

杭县西湖，风景明媚，为中国第一胜境。今则水面风光，大与媚均弗及之，故称瘦西湖。然右岸为徐公祠，左岸为湖心寺，前面横排水上工丽入画者，五亭桥也。

徐公祠，系陆军上将第二军军长徐宝山字怀礼者之祠堂。徐公在民国初年时犹存，因建筑沿岸长圩，有功于民，故假依虹园之故址，建祠以祀。然观坐后所悬肖像，盖一豪侠之流也。院内客馆凉亭，结构精雅。有精室颜曰"冶春社"，内祀清刑部尚书王文简公士王士禛之位。盖王渔洋曾结冶春诗社于长堤春柳之虹桥，今移附于此，存古贤之迹也。

湖心寺，一名小金山，寺门与徐公祠正对。闻在昔游人皆萃于湖心寺，自近年徐公祠成，亭榭清丽，池柳交翠，而小金山之游踪，遂逊昔日之盛。由徐公祠门外登舟，舟子撑竹篙，画船微转于翠浪之中，即抵湖心寺门。余与敏伯、哲民等登岸，穿行寺中。首为湖上草堂，转折而行，有月观，前临水，弱柳婀娜，望月之佳地也。再转至风亭，古松数株，龙蟠扎屈。更摄衣而上孤墩，苔磴迷草，梅林满山，上有小亭，额曰"梅岭春深"。寺中佳胜之境，较徐公祠为多，唯弗若徐公祠之金碧生新耳。出寺登舟，对岸又有法海寺，寺中巍塔，作葫芦形，遥望之，略似北京阜成门内白塔寺之白塔，而弗及白塔之高壮与精工。登北京白塔，在软红十丈中，大杀风景。法海寺塔，矗于湖天潋滟之中，遂觉入画。寺中方毁广宇而换新筑，余等稍一观览，即放舟而穿五亭桥下。亭以大长方形石，累砌而成，上建五亭，工丽若画。桥洞石壁，大书"勿用日货"。穿桥而北，其水有螃蟹浅子之名，此名殊雅，带只在芦花浅水边之趣味。两岸碧野，十里垂杨，余劝敏伯等乘水风荡漾之中，可放孙登之啸，聊作扣舷之歌。敏伯乃低唱二簧，放唱盘中谭鑫培、陆兰修之调，颇摇曳有风致。未几，至平山堂，携杖登山，上系僧寺，规模宏敞。最后之

梅岭春深

殿，祀欧阳文忠公像，像镌于立石碑上。此寺有"淮东第一观""天下第五泉"之称。余寻天下第五泉，见古井已废，旁有清高宗题词。乃坐平山堂中品茗，敏伯备饧果数事。此堂与直南四十里之镇江相对，天气清朗，可望见之，盖坦夷平原中，只此南北两螺髻耳。按此山又称蜀冈，云脉来自蜀，考此为北岭终点，西溯天柱桐柏，由秦岭而接岷山。故北岭者，首岷山而尾蜀冈，谓来自蜀不虚也。平山堂之左侧傍水之处，即古二十四桥之地，自有杜牧一咏，斯桥遂成千古佳话，而今已无此桥矣。盘桓久之，登棹返楫。夕阳西照，杨柳楼台、清风碧流之中，见画舫三三五五，迤逦不断，仕女靓装，方鼓枻而下也。怀想千载而上，莺花迷目，动隋炀之醅欢，而幻作唐贤之艳句。今观湖色，实有足当，倘更沿岸莳花，缀以名园，则美胜仍为东南所仅见也。归途至天宁寺一观，广敞豁目，危楼矗云，内为军人所占据。遂入北门，而归钱宅。

扬州物产有谢馥春之颜粉庄，梁福盛之漆器店，新工业有耀扬火柴公司。城外运河，为淮临出口之要区。土产以干丝著名，干丝者，即豆腐干而切之成丝，食之特绵软有致。晚间静院疏灯，杯酒清话。敏伯备烤鸭蒸鸡，扬州风物，领略不尽。翌晨（初八日），买棹南归，下午一点抵镇江，与东南大学同学余、蒋二君相遇。同登汽车西返，晚五点抵南京。

（原载《地学杂志》第一、二合期，一九二五年出版，原题《扬州记游》）

李根源：
观音山，即杨广迷楼故址

李根源（1879—1965），字雪生，云南腾冲人，近代名士。曾任云南陆军讲武堂监督兼步兵科教官、总办。著有《曲石文录》《镇扬游记》等。

民国十五年九月一日。晨起，偕冷君御秋、陈君绍五，买舟渡江，达福荫（应为福运——编者注）码头，换乘汽车，约行三十里，抵扬城东福荫车站。渡运河，河为隋炀帝所开凿，古名邗沟。北望隋堤，堤柳其尚有存者耶？

入福荫门，至功德林，换坐画艇。出拱辰门水关，右岸皆最雅洁之茶肆，泊花船数十支。入保障河，经问月桥、绿杨邨，村李姓园名，在绿柳荫中，有茶居，可品茗。过虹桥，王渔洋《冶春》词题此。经长堤春柳亭，至笔架山，达小金山。自绿杨邨来，右岸多高阜，亘数里，舟子云："杨广十宫长阜苑遗址也。"寺名湖心律寺，额乾隆书。有梅岭春深坊、月观堂、静照轩诸胜。碑亭二，覆乾隆御碑二。乾隆书"高咏楼""静照轩"横额二。河左徐园，祀徐宝山。宝山何功何德而受此？扬绅撰刻碑云："维持扬城治安。"夫维持治安，

078

乃军人应有之责，宝山竟享兹崇祠，足见能维持治安者之少也。庭园结构，有丘壑，不落俗，可供玩赏。庭中古铁镬二，无字，高约三尺，径约五六尺，厚约五寸。每镬重量数千斤，巨制也。守园者云："共十镬，八镬尚埋土中，未挖出。相传为盐户用以煎盐者，或谓僧家用以煮饭者。"余意皆非。镬底太厚，火力失效。昔甘露寺有梁武帝铁镬二，用以植莲，供养诸佛，前贤纪其式样重量，颇与此类。又残经幢二，虽其年月模糊，可定为唐宋时物。园外葬清广西巡抚史念祖墓。过钓台、陈氏凫庄，至法海寺（又名莲性寺，洪杨时毁，未经修复），有康熙御碑一，乾隆御碑三。塔白石造，故名白塔，其式如北京之北海塔。东面渐倾，及今修葺，可期无坏。至莲花桥，俗呼五亭桥，上建五亭，与白塔对峙，四围绿荫掩映，天然图画也。

登功德山，又名观音山，即杨广迷楼故址。山麓九曲池，炀帝于池上奏水调九曲，故名。乡民百余人，正集池中泄水捉鱼。入摘星寺，新建念佛堂，额为余书。主僧亦辉不在，余未以姓字见告，以避接待。寺中尚有闭关僧宏度者，余在滇时旧部营长也，亦未访问。

赴蜀冈，冈高不及十丈，在吾滇人视之，撮土耳。冈麓有歙人洪汝怡撰女弟子李媛墓碣。登平山堂，堂故欧阳文忠守郡时所建。壁嵌"淮东第一观"五大字，端凝有法，款署秦少游句，襄平高士钰题，江南拙老人蒋衡书，新安汪应庚立石。坊额曰"栖灵遗址"，又曰"丰乐名区"。山门题曰"敕建法净寺"，即古大明寺，又曰栖灵寺，创于刘宋大明间。有天王殿、大雄殿、欧阳文忠公祠，祔祀苏文忠公。欧阳公石刻像，裘曰修本，乾隆题诗其上，注云："有李

平山堂欧阳修像　摄于 1920 年代

端淑、晁悦之象赞,漏而不镌何耶?"西门额曰"仙人旧馆",入为平山堂,额方浚颐题,彭玉麐额曰"放开眼界",刘坤一额曰"风流宛在"。入后为晴空阁,再东为清行宫,已毁。有待月亭,裕德建。趣园石额,乾隆书。第五泉栏字,许九皋书,非王虚舟旧题也。有康熙灵隐诗刻、乾隆辛未仲春平山堂作、乾隆临董其昌书、乾隆丁丑仲春平山堂一律诸诗刻。东门额曰"文章奥区",入为平山堂,祀范忠宣诸栗主。面楼曰谷林堂。道光赐陶澍"印心书屋"额,刻建楼左,阴镌《南崖图》,附陶澍奏折,顺德刘□程勒石后记。印心石刻,余凡三见,好名之心,贤者不免。东北为四松草堂、悟轩、方丈室。其藏经楼、范文正祠在大雄殿后,已毁。目击金石,有乾隆五十八年铁炉一;明怀远将军萧公墓志铭,弘治八年九月二十日福建邵武府知府郡人孙蕃撰,浙江台州府知府江都马岱书,江西广信府通判京口丁玑篆盖,有盖,计二石;江宁苏惟霖游平山堂杂咏五律六首一石;光禄大夫巡抚宋公人为吏部尚书商民去思碑;康熙己未朱彝尊撰一石;康熙辛酉冬十月中州郭振遐游平山堂五律八首并序,小楷一石;重浚保障河记,雍正十一年孟春扬州府知府尹会一撰,翰林院庶吉士程梦星书一石;重修平山堂碑,乾隆元年七月两淮盐运使尹会一撰书一石;乾隆五年大勋卿汪应庚赈荒功德碑四石;道光二十八年祁寯藻书子史粹言四石;星悟禅师画兰二石;重建平山堂记,同治壬申郡人蒋超伯撰,董恂书一石;重建平山堂欧阳文忠公祠记,光绪五年云南按察使平江李元度撰一石。又记,梁溪杨应桓撰,桐城张思安书一石。又记,两淮盐运使南陵徐文达撰书一石；重修平山堂记，旌德汪时鸿撰，江都王景琦书一石；平山堂记，蓝光第撰一石。又记，李正衡撰一石；湘阴郭蕃偕文小坡、张子苾、欧阳伯元重九蜀冈登高七律三首一石；李端淑、晁悦之欧阳公像赞，苏轼醉翁操，光绪五年周鹏录刊一石；双鹤铭并序，李郁华撰书一石；乔松年赠雪航上人七绝三首，沈秉成题平山补柳图七绝二首，合刊一石；汪时鸿宿平山堂五律二首一石；李正衡平山堂八景七绝八首一石；龚易图平山堂待月和宋人韵七律四首一石；陈延杰重游平山堂口占七绝五首一石；王长文雪后至平山堂诗一石，古大明寺鉴真和尚遗址碑记，民国十一年十月六日，日本文学博士常盘大定撰，江都王景琦书一石。碑略云：大明寺，唐鉴真法师遗址也。鉴真为海东律祖，又为初传台教祖，天宝十二年东渡，馆于东大寺。圣武天皇委以受戒传律之任，叙传灯大法师，建坛于卢遮那殿。上皇始受菩萨大戒，皇帝、太后、太子、公卿以下受戒者凡四百三十余人，一时高德八十余人。弃旧受新，是为日本登坛受戒之始。东邦文化，胎原我国。常盘君此记，可谓不忘所祖者矣。平山堂中，悬鉴真法师像，及法师所建招提寺戒坛诸故迹影片，均常盘君赠，阅之令人起敬。完白山人墨迹，刻石山中者，有"真赏"二字横额，联二副，屏六石，《心经》长横石二，均篆书。《心经》，山人书丹，住山月余，躬亲监刻，故雄浑茂密，为山人第一杰作，款署"大清国男子"，未能免俗。平山堂风景固佳，然全国中似此者，要不可以缕指数，终属以人传者耳。唯自拱辰门来，一泓活水，十里垂杨，荡桨其间，荷香柳色，步步引人入胜，真是人间天上，此隋炀帝、清高宗所以流连忘返也。

雷塘，有隋炀帝陵。询寺僧："距此几何？"僧曰："不远。"余欲往寻，御秋曰："杨广弑父弑兄，荒淫昏暴，千古罪人，子往访之，未免好奇过甚。"余唯唯遂止。

下山，登舟至天宁寺。寺记，乾隆御撰。康乾行宫及庋《四库全书》之文汇阁，皆在寺内，均毁。复至重宁寺。重宁，扬州盐商媚清高宗所建者也。在天宁寺后，驻有兵，不能畅览，遂至史阁部可法墓。祠奉阁部像，旁悬阁部书两联："自学古松存静节；唯应野鹤识高情"，署可法；"斗酒纵观廿一史；炉香静对十三经"，署道邻。廊有吴大澂篆书联，后为梅花岭，阁部衣冠墓在焉，碣题"皇清赐谥忠正少保兼太子太保督师极殿大学士兵部尚书史公墓"。御秋曰："'皇清赐谥'四字，阁部如何受得，此碑不得不仆而另刻。"往观阁部所制大炮，长约五尺，口径约七八寸，所谓二将军也。炮面铸阳文曰："崇祯甲申十二月南京兵部大堂史，嘉协右营第五号。"壁砌石刻，有篆文"明史忠正公墨遗并画像刻石"十二字，旁署梦坡居士书耑一石，阁部冠服像，题"史忠正公小像，会稽陶浚宣拜手谨署"，周庆云题赞一石；阁部与睿亲王书原稿，首曰"大明国督师兵部尚书兼东阁大学士史可法，顿首谨启满洲汗摄政王殿下"，后署"弘光甲申九月十五日"，字体类座位稿，中间钩涂添改七处，与《通鉴辑览》所载文多不符，为"大清国"作"满洲汗"之类是也，共刻二石。又，与太太、杨太太绝命书一石；顾千里篆"杨公遗像"四字一石；杨公冠服像，署"明两淮盐运使节愍杨公之遗像"一石。杨公讳振熙，临海人，从阁部殉国，当时犹有扬州知府、江都知县等数十人同死，余意应附祀于祠。题诗著跋者都二十七人，曰：盱江曾燠、阮亨，宝山毛岳生，钱塘屠倬，仪征程赞清，顺德张青选、烟波钓客，山阴杜煦、陶浚宣，会稽王继香，云间杨葆光，钱唐吴庆坻及子士鉴，阳湖恽毓珂，乌程周庆云，仪征张安保，江都徐廷珍、徐兆英，甘泉范凌□，禺山杜纯，嘉兴曹言纯，全椒金旺欣，仪征陈延□，丹徒杨程祖、章□、章钰，共二十一石。在炮亭，乾隆御制书，明臣史可法复书，附史可法与睿亲王书，文华殿大学士于敏中奉敕书，横石盈丈，碎为十一块，壁砌成一石。乾隆诗未见，和者有梁国治、沈初、刘墉、金士松等各七律一首，共二石；阁部史公像记，绣水土概拜撰，锡山顾贞观顾采、武陵胡献征题跋，共二石；梅花岭谒史忠正公墓长歌，壶口兰第锡稿一石。以上共六石，砌壁走廊。重修史阁部祠记，程仪洛撰，刘树堂书；重修史忠正公墓记，旌德汪时鸿撰，建正厅两侧。余八九龄时，先君尝以出师二表、正气歌、复睿亲王书四篇，令朝夕默诵，并谆谆讲解，诏小子曰："此汝之好先生也。"丙午入京，谒信国祠，丁巳在陕，饬沔县知事代祭武侯，并捐俸修葺祠墓。今拜公墓下，夙愿已偿，唯年近知非，一事无成，瞻对先贤，追维庭训，徒增汗颜而已。

时已昏暗，大雨如注，不能返京口，入广储门，投江北新旅社宿焉。余观扬之富庶，不减苏州，风俗习惯，人物服饰，亦多与苏同。然余于两地，终嫌文胜于质耳。

九月二日。昨夜腹泻发热，眠不安席，晨间稍愈，偕冷、陈两君往徐凝门，游何氏寄啸山庄，结构谨严，华朴得中，庭中古木参差，湖石兀臬，广陵园林第一也。砌壁石刻，有重摹唐人双钩本十七帖、道光四年七月丹徒包祥摹刻鲁公三表、东坡海市帖三种。原定谒扬州府学，访汉厉王墓石刻字、汉射阳孔子见老子像画石、阮芸台摹刻猎碣，再谒汉江都相广川董子祠，并访梅花书院。贱躯不适，急归京口，服药得汗，热渐退。忆余童时，先师赵会楼先生以汪容甫《广陵对》中"四忠"命题，曰徐敬业、李重进、李庭芝、史可法合论。余作，先师尚加称许，今亲至其地，则诸公当日飞檄讨贼、婴城致命之英风浩气，愈想像得之。余性嗜金石，尝列历代书家为一表，江都得四人，曰皇象，曰李邕，曰徐铉、徐锴，并记于此，以志向往。

（原载《镇扬游记》，上海泰东图书局一九二六年十二月出版）

张慧剑：
扬州的点心，滋味实在不错

张慧剑（1906—1970），原名嘉谷，笔名辰子，安徽石埭人，报人、作家。著有《辰子说林》《赛金花故事编年》《明清江苏文人年表》等。

扬州市

畔晚时候，我入了扬州市，在 H 兄和 V 君的领导之下，到扬州城内最有名的一个茶社里吃点心。H 兄告我："这是富春茶社，和怡园齐名，以点心做得好吃，在扬州已经造成一种特殊势力了。"

扬州的点心，滋味实在不错，这不必第四次到扬州的目下的我才知道，前三次已经领教了个十足。在上海时，大马路的四五六，在南京时，夫子庙的大禄楼，它们都是扬州点心的殖荒者。它们曾赚了我不少钱，但终不及这次在扬州吃得十分加十分又加十分的满意。我明白——我明白我说这话，一定要有许多人说我正在吃着自己的成见。

除了点心——而且是极少的几种——扬州的茶馆可以说是没有

什么特点。尤其是富春茶社所容纳的客，太欠复杂一点，差不多都是一样文绉绉的人，一律都是文绉绉，这便不能使我的观察力和分析力多得活动的机会，因此我略觉不快。

V君真是善于滑天下之大稽，他将我领到教场，教我从那里去认识扬州。教场在扬州所处的地位，等于南京的夫子庙和上海的城隍庙，但它的面积却只占有这两个庙市的五十分之一。脏，那当然是不用说的，略略有些臭味，那也是无须多说；只是小，小得实在怪可怜的。三两个书棚，四五架西洋镜，六七家酒楼饭店，就塞满这教场的全部。走快一些，不消一分钟，便可环行这场子一周。小，实在太小了一点吧。

可是我在那里，看见许多脸上生满了汗斑的苦力同胞，争先恐后地挤来挤去，我便感觉到这地方终还是一个圣地。

扬州最热闹的街市，是辕门街、多子街、翠花街，我们便从那里缓缓地踱向东去。扬州的街道，是还不失其古风的异样的窄，于是我们消费很多的时间，避让一切威权超过于我们的东西，如洋车、轿子、棺材、粪担、巡逻队、打架未毕而奔逃的狗等等。

从街上洋货店、茶食店之多，和粪担上不高妙的气味不绝于闻的各个事实上推论起来，扬州人是无娱乐的。他们所仗以使其生活还勉强的有一些意义，略略可以示别于死人的，便是唯一的吃！而女人则有买洋货。

很多很多的正当享乐之年的太太、小姐，她们各提了一只钱口袋，打东边洋货店出来，又向西边洋货店进去，东家买一套纽子，西家买一盒香粉。在她们仅有的两只手，或两手以外还可以由她们支配的属于别个人身上的手（如佣、仆、妪、婢、老爷、少爷及其他）塞得满满以后，她们才奏凯而归。

在她们归程里，又可以看见，她们被包裹于动人的香气和姿态里的整个身体，娜婀摆动之时，只消经过了两条以上的街，她们便会被一两个乃至三个四个的粪担，一前一后地夹着前进。V君说："这不算什么奇怪的事。"

于是我便搁笔，不再从事于扬州市的描写了。

舟之巡视

十七日晨，八时起身，在H兄的书斋里，看了几页小说，又被V君拉到富春去吃了一碗面，就此决定了下午逛瘦西湖的计划。

同行者V君、H兄和一位不详其姓名姑假定之为X君的某君，坐车出了北门。瘦西湖完全不是我理想中的瘦西湖，而湖畔的绿杨邨，却俨然就是我曾经做梦来过的绿杨邨，有趣之至。

因为我们来得太早，驾舟于湖畔候客的，只有三四个舟子，艳称于瘦西湖的船娘，半个也不曾遇见。V君主张等，而H兄和我主张不一定需要船娘，结果我们的主张得胜，立刻就下船。

船不很大，上面扎着白布棚顶，下面安放了四张藤躺椅，容积较秦淮河的小七板为小，而大于玄武湖最小的划子约一倍有奇。绿杨邨的堂倌认识V君，不等他招呼，便送了两壶茶、两碟水果、几色橘子糖过来，瞧他那种直率而随便的神气，好像不要钱似的。

下令开船，便离开绿杨邨前进了。瘦西湖的瘦，真可谓名符其实，这岸上的人，可以和那边岸上的人很自在地谈话。

两边岸上，水树极多，绿蓊蓊的丽密如墉，一抬头便觉绿光照眼。这种意境，虽然比较玄武湖还略差些，却也不失为一名地。最初我们穿过大虹桥，到徐园。

H兄说："上岸瞧瞧去！"瞧了回来，却也不曾弋得什么好感，不过一座小小的花园，有几间房子、几块匾、几棵树罢了。但扬州人因为这是盖了纪念徐宝山的，而"徐宝山"三个字，好像和扬州人的记忆特别的要好些，因人及园，徐园遂也成为一个名胜了。当我踏到徐园的尽头处，看见墙上嵌有一块碑石，大书曰：倚虹园。我有一个死掉的朋友毕倚虹，我又有一个常去吃饭的所在倚虹楼，我还有一个最欢喜听她唱白盔白甲白旗号的歌女倚虹阁；"倚虹园"三字便合我如同他乡遇故知一般，毫不客气地钻进我记忆里，顺便将我的注意也拖了出来。

上去摸了一摸碑石，发现这三个字还是乾隆的御笔，而H兄却断然曰："这是假的，你瞧'虹'字这一块，不是新添上去的吗？他本来只是'倚园'二字，不知是谁着了古迷，硬造出这个虹字来添上去，并考证这个徐园就是倚虹园的遗址，可不怪！"

接着我又在走廊的石刻上，看见了许多扬州名士纪念徐宝山的诗和词。在其中的一首里，发现了一句："犹有孀雌忆故雄。"所谓孀雌也者，便是指徐宝山的夫人孙阆仙，而这孙阆仙且并会画梅花，徐园的墙上便有她的许多梅花石刻。

从徐园到小金山，大家一同下船，上去瞻礼一番，不等和尚说泡茶，便又回到船上来。这里和徐园一样，也不曾给予我以何种好的印象，就只湖心寺里的湖上草堂，有伊秉绶写的一副对子，我恍惚还记得联文是："白云初晴旧雨适至；幽赏未已高谈转清。"颇切合我们那时的情境。

小金山对面是凫庄，邻近凫庄是莲性寺，寺后有半废的经塔，我都曾一一去看过。

过此就是五亭桥了。五亭桥横卧在水面，逼近凫庄，桥上只剩了三个亭子，远看很有风趣。再下去就是到平山堂的水路，普通游湖的人，只逛到五亭桥为止，平山堂是难得有人去的。

舟行约有半里路的远近，见另有一条汊路，被掩闭于高可隐人的水草里，V君说："这是到二十四桥去的小路。"

"二十四桥明月夜，玉人何处教吹箫？"这两句诗虽然深刻在我的心版上，时时使我发生了何妨去考证一下的愿望；但我终是一个惰于追求一切的人，在大家沉默的空气弥布在人和人的注视间时，虽然舟子曾问了一句："二十四桥去不去？"而"去"之一字终不曾由我的口中喊出来。

平山堂到了。如果是在十几年前，我还不曾脱离 W 先生戒尺的警备之时，我玩了一个地方回来，W 先生需要我作一些什么，我一定会很拿手地写着："登山，入法净寺，过大院，入东向一门，则谷林堂也。又进为平山堂，僧合掌出迎，导游第五泉、待月亭、趣园、芳圃等处，并至后殿谒先贤欧阳文忠公之遗像焉……"也许 W 先生要批评上一两句类乎"水净沙明"一类的褒语。

用我十几年前做游记的手法，来把平山堂记账似的记一下，也好；因为那个地方除去"登山""升堂""遇僧""谒像"等字眼外，没有什么别的可说。

玩过了平山堂，"厌倦"使我打消了再去逛观音山的兴致。我们便下令回舟。

绿云深处一诗翁

我在前篇，曾遗脱了一个应描写的人。

当我们的船快要过大虹桥，向徐园去的时候，远远见右边岸上绿荫深处，闪出一个老头儿来。他的年纪至少要抵得两个半我，他背驼，发秃，而衣服很褴褛，我如果拿出我会动笔的权威来加他以称谓，我应当称他为丐：

他最初是蹲在水边，洗手似的不住地用手泼水。等我们的船快要靠他，他猛然地在脸上显露一些吃力的神气，慢慢地伸直了腰立起来。从他身后，抽出一根竹竿，向我们船上一搭，竿尖上系有一个小布袋。

"呵！诗翁！"V 君很冷静地说。

H 兄掏出几个铜元来，放在他布袋里。于是这被称为诗翁的老头儿，和已开动发条的机器似的，开始歌唱了。

"打起黄莺儿，莫教枝上啼。啼时惊妾梦，不得到辽西！"

虽然只是一首极熟的诗，而在我们给予他以钱，换得这首诗的歌唱之后，我终觉我们是生活于一种罪恶的浸淫中了。

他，这诗翁，一向在游瘦西湖的人心目中。诗翁其名，而诗丐其实，被当作娱乐品的过了许多时候，现在遇到我们，在他的心里也未必会引起何种的波动。只是我都不能制止我们感情的冲荡，尤其是我个人。

一个老头儿站在水边树下，忽蹲忽起的，利用他读过的诗和竹竿，去兑取人们的欢笑而因以得几个铜钱，这是多么可留忆的景象呀！假使我们是有魄力的作家，一定要将这诗翁无名的痛苦、含泪地痛快抒写一下。假使我是个画家，我也能借了这万绿如海的幽隽的背景，衬出这个诗翁的超人风格，不幸我只有这点点涂抹的能力，只有这点点涂抹的能力呵！

归时经过这老头儿的领域，H兄又投给他几个铜元。他所唱的是："若把西湖比西子，淡妆浓抹总相宜。"

雅　赌

船回到绿杨邨，由刚才送茶给我们的堂倌，招呼我们上岸，在前边的一个茅亭内坐下。绿杨邨包围在许多竹子里，掩映着一带浅水疏林，景物很不错。据H兄说："这里所卖的茶和点心，不及香影廊多多。"所谓香影廊，也是一个茶社，远在下街，也滨近瘦西湖，而其控驭瘦西湖游者的机会与势力，却远不敌绿杨邨。H兄说："这是因为绿杨邨有船娘而香影廊没有的缘故。"我相信这话。

到过扬州的人，都欢喜说扬州人俗；其实扬州人也不能说不雅，瞧，小如茶馆的招牌名字，起得也都十分隽雅：绿杨邨、香影廊，念在嘴里，字字都像可以咬出浆来。而且——当我坐车子从城内出北门时，我曾见某一条街，另有一肮脏不堪的荒茶馆，它的招牌名字为富春楼，这三个字难道不雅？难道还俗？

还有扬州人的赌博，也十分的雅。以下是写我在绿杨邨所见到的一件事。

一个卖花的男子，挽了一只花篮，右手且并提了一块水磨砖石，慢慢地踱到亭子里来。他把我们很快地认识了一下，立刻放下石砖，掀开他的花篮盖子，拣出两朵白茉莉花球，放在我们桌上，然后微笑地说："先生们玩一玩吧，两角钱五十跌！"

V君很内行地说："你瞧我们全是傻子吗？"

卖花男子所希求于我们的便是开口，现在见V君开始搭话，他耸一耸肩头笑了。放下花篮，从篮子里取出一串金黄色的小铜钱来，递近V君手边："先生们，小意思，就多两跌，又算什么！"

"你别和我谈生意经咯，要玩，两角钱五十跌！"

"呀！"卖花者的神气，虽然很紧张，好像遇了什么意外的掯迫，绝对不能妥协的样子；但我们一见就知道这是伪饰的，他的眼神已经告诉我们——这笔生意可以做了。

V君还和他谈着交易时常有的一切精明话，我却趁此去询问H

兄，这是怎么一回事？

H 兄说："这是跌花的，用六个小铜钱——钱的一面刻着花——放在一个竹片上，向石砖上跌，能跌出六个钱全是花来，就可以赢得一朵花球，跌出五个花来可赢一跌，否则输三跌。赌的人继续跌至五十跌全输尽，就给卖花的人两角钱。"

这显然是赌的人吃亏，然而这种赌法，不可谓非别出心裁，而且也很有意味。尤其是伴同异性来游湖的人，跌出几朵花来给她佩戴，虽然消费了——消费了超过花价若干倍的钱，只怕谁都愿意。试想：风光明俊的湖上，一个花球佩戴在她身上，复从这花球上发出一阵阵浓烈的醉人的香气，这是多么含有诗意的境界呀！

（原载《湖山味》，上海世界书局一九二九年六月出版，

原题《扬州湖山味》）

范烟桥：
扬州梦我已经做了好久

范烟桥（1894—1967），名镛，字味韵，号烟桥，江苏吴江人，作家。小说、电影、诗歌无不通谙。著有《中国小说史》《范烟桥说集》《吴江县乡土志》等。

这个扬州梦我已经做了好久了，这回几乎去不成，幸亏思先生有一位朋友周先生，借了轮船给我们，能够在三小时内到扬州去逛一回。从六圩坐汽车，二十八里单调的行程，见到不少的杨柳，觉得"绿杨城郭是扬州"一句诗，描写得很具体，因此也添了许多兴味。还有天宁门外的绿杨邨，着力地渲染一番，更下了一个注脚。我们给阳历闹糊涂了，要不是古典派少妇头上的宫花和旭先生探听来的"清明不戴花，死了变老鸦；清明不戴柳，死了变黄狗；清明不戴黍，死了无人哭"的古谚，我们永远不会知道那天是一个可爱的清明了。因此又做了一首打油诗：

绿杨邨外一舟轻，瘦绝西湖浪得名。

女戴宫花儿折柳，方知今日是清明。

到了扬州，自然要游瘦西湖的。在绿杨邨吃了一顿有名的"扬州点心"，去雇船。说起雇船，可发一笑。船家的索价，从三元四角以次递减到八角成交，这个"扬虚子"的雅号，真是名副其实。白布的篷和西湖里的划子，没有什么两样，只是用篙不用桨，似乎减少了从容的雅度。沿着已薙去雉堞的城垣，撑到湖里去，掠过小金山、徐园，停泊在五亭桥畔。在桥上拍了一张用喇嘛塔（一名舍利塔）作背景的照，从喤喤的钟声里，走过了许多野坟，到徐园下船。大家都有些"闻名不如见面"的感想，"腰缠十万贯，骑鹤上扬州"，本来不是我们的"扬州梦"呢。

只有躺在藤椅里，任着船在水面上荡漾。骀荡的春风，带来一些邻船的粉香，澄清的涟漪，映着婆娑的柳色和丽人的倩影，天空点缀几个动摇的风筝，是不虚此行的"宝石时代"。

从天宁门到福运门，穿过了扬州城。经过的就是最热闹的市街，一切和江南相似，倘然扬州是江北的代表，那么江北何尝不及江南呢！但是扬州以外的江北，绝不及扬州的繁庶，这是可以断言的。就是江南，也何尝都胜过江北呢！我们从概括的地理的立场上说，我们确是从江南到江北了。

在归途中，旭先生说："我失望了，以前常听人说，苏州头，扬州脚。苏州的头，确乎很讲究的，至今还能在市上，瞧见几个'其光可鉴''苍蝇滑脚'的发髻；这里的脚，却找不到一双文人惯称的'金莲'了。"梦先生笑着说："这是时代的作弄，扬州的脚带，早给海风吹去了。"

为了要乘镇扬车船联运最后一次的汽车，不能到平山堂去了。我们从小说上，得到平山堂的大概，也从船家嘴里打听到一些，再从瘦西湖的徒有虚名联想去，大约平山堂也不过是"平"常的一座"山"，有几所"堂宇"而已。所以我们并不缺望，倒是在归途中，听了人力车夫游说，要上梅花岭去展拜史可法的衣冠墓，算是扬州之行的一阕尾声。虽是只在巷口远远地一望，好像已经温习了一遍全谢山的《梅花岭记》了。

（原载上海《珊瑚》一九三三年第二十一期《居然江北复江南》，

原题《绿杨城郭的一瞥》）

郁达夫：
还有船娘的姿势，也很优美

郁达夫（1896—1945），原名郁文，字达夫，浙江富阳人，作家。发起建立创造社，积极参加抗日活动。著有《沉沦》《故都的秋》《春风沉醉的晚上》等。

语堂兄：

> 乱掷黄金买阿娇，穷来吴市再吹箫。
>
> 箫声远渡江淮去，吹到扬州廿四桥。

这是我在六七年前——记得是一九二八年的秋天，写那篇《感伤的行旅》时瞎唱出来的歪诗；那时候的计划，本想从上海出发，先在苏州下车，然后去无锡，游太湖，过常州，达镇江，渡瓜步，再上扬州去的。但一则因为苏州在戒严，再则因在太湖边上受了一点虚惊，故而中途变计，当离无锡的那一天晚上，就直到了扬州城里。旅途不带诗韵，所以这一首打油诗的韵脚，是姜白石的那一首"小红唱曲我吹箫"的老调，系凭着了车窗，看看斜阳衰草，残柳芦苇，哼出来的莫名其妙的山歌。

我去扬州，这时候还是第一次；梦想着"扬州"的两字，在声调上，在历史的意义上，真是如何的艳丽，如何的够使人魂销而魄荡！

竹西歌吹，应是玉树后庭花的遗音；萤苑迷楼，当更是临春结绮等沉檀香阁的进一步的建筑。此外的锦帆十里，殿脚三千，后土祠琼花万朵，玉钩斜青冢双行，计算起来，扬州的古迹、名区，以及山水佳丽的地方，总要有三年零六个月才逛得遍。唐宋文人的倾倒于扬州，想来一定是有一种特别见解的；小杜的"青山隐隐水迢迢"与"十年一觉扬州梦"，还不过是略带感伤的诗句而已，至如"君王忍把平陈业，只换雷塘数亩田"，"人生只合扬州死，禅智山光好墓田"，那简直是说扬州可以使你的国亡，可以使你的身死，而也绝无后悔的样子了，这还了得！

在我梦想中的扬州，实在太有诗意，太富于六朝的金粉气了，所以那一次从无锡上车之后，就是到了我所最爱的北固山下，亦没有心思停留半刻，便匆匆地渡过了江去。

长江北岸，是有一条公共汽车路筑在那里的；一落渡船，就可以向北直驶，直达到扬州南门的福运门边。再过一条城河，便进扬州城了，就是一千四五百年以来，为我们历代的诗人骚客所赞叹不置的扬州城，也就是你家黛玉的爸爸，在此撇下了孤儿升天成佛去的扬州城！

但我在到扬州的一路上，所见的风景，都平坦萧杀，没有一点令人可以留恋的地方，因而想起了晁无咎的《赴广陵道中》的诗句：

醉卧符离太守亭，别都弦管记曾称。

淮山杨柳春千里，尚有多情忆小胜。（小胜，劝酒女
鬟也。）

急鼓冬冬下泗州，却瞻金塔在中流。

帆开朝日初生处，船转春山欲尽头。

杨柳青青欲哺乌，一春风雨暗隋渠。

落帆未觉扬州远，已喜淮阴见白鱼。

才晓得他自安徽北部下泗州，经符离（现在的宿县）由水道而去的，所以得见到许多景致，至少至少，也可以看到两岸的垂杨和江中的浮屠鱼类。而我去的一路呢，却只见了些道路树的洋槐和秋收已过的沙田万顷，别的风趣，简直没有。连绿杨城郭是扬州的本地风光，就是自隋朝以来的堤柳，也看见得很少。

到了福运门外，一见了那一座新修的城楼，以及写在那洋灰壁上的三个"福运门"的红字，更觉得兴趣索然了；在这一种城门之内的亭台园囿，或楚馆秦楼，哪里会有诗意呢？

进了城去，果然只见到了些狭窄的街道和低矮的市廛。在一家新开的绿杨大旅社里住定之后，我的扬州好梦，已经醒了一半了。入睡之前，我原也去逛了一下街市，但是灯烛辉煌、歌喉宛转的太平景象，竟一点儿也没有。"扬州的好处，或者是在风景，明天去逛瘦西湖、平山堂，大约总特别地会使我满足。今天且好好儿地睡它一晚，先养养我的脚力吧！"这是我自己替自己解闷的想头，一半

100

福运门

也是真心诚意，想驱逐驱逐宿娟的邪念的一道符咒。

第二天一早起来，先坐了黄包车出天宁门去游平山堂。天宁门外的天宁寺，天宁寺后的重宁寺，建筑伟大，庙貌也十分的壮丽；可是不知为什么，寺里不见一个和尚，极好的黄松材料，都断的断，拆的拆了，像许久不经修理的样子。时间正是暮秋，那一天的天气又是阴天，我身到了这大伽蓝里，四面不见人影，仰头向御碑佛像及屋顶一看，满身出了一身冷汗，毛发都倒竖起来了。这一种阴戚戚的冷气，叫我用什么文字来形容呢？

回想到两百年前，高宗南幸，自天宁门至蜀冈，七八里路尽用白石铺成。上面雕栏曲槛，有一道像颐和园昆明湖上似的长廊甬道，直达到平山堂下。黄旗紫盖、翠辇金轮、妃嫔成队、侍从如云的盛况，和现在的这一条黄沙曲路，只见衰草牛羊的萧条野景来一比，实在是差得太远了。当然颓井废垣，也有一种令人发思古之幽情的美感，所以鲍明远会作出那篇《芜城赋》来；但我去的时候的扬州北郭，实在太荒凉了，荒凉得连感慨都叫人抒发不出。

到了平山堂东面的功德山观音寺里，吃了一碗清茶，和寺僧谈起这些景象，才晓得这几年来，兵去则匪至，匪去则兵来，住的都是城外的寺院。寺的坍败，原是应该，和尚的逃散，也是不得已的。就是蜀冈的一带，三峰十余个名刹，现在有人住的，只剩了这一个观音寺了，连正中峰有平山堂在的法净寺里，此刻也没有了住持的人。

平山堂一带的建筑、点缀、园囿，都还留着有一个旧日的轮廓。

像平远楼的三层高阁，依然还在，可是门窗却没有了；西园的池水，以及第五泉的泉路，都还看得出来，但水却干涸了。从前的树木、花草、假山、叠石，并其他的精舍亭园，现在只剩了许多痕迹，有的简直连遗址都无寻处。

我在平山堂上，瞻仰了一番欧阳公的石刻像后，只能屁也不放一个，悄悄地又回到了城里。午后想坐船了，去逛的是瘦西湖小金山五亭桥的一角。

在这一角清淡的小天地里，我却看到了扬州的好处。因为地近城区，所以荒废也并不十分厉害。小金山这面的临水之处，并且还有一位军阀的别墅（徐园）建筑在那里，结构尚新，大约总还是近年来的新筑。从这一块地方，看向五亭桥、法海塔去的一面风景，真是典丽矞皇，完全像北平中南海的气象。至于近旁的寺院之类，却又因为年久失修，谈不上了。

瘦西湖的好处，全在水树的交映与游程的曲折。秋柳影下，有红蓼青萍，散浮在水面，扁舟擦过，还听得见水鸟的鸣声，似在暗泣。而几个弯儿一绕，水面阔了，猛然间闯入眼来的，就是那一座有五个整齐金碧的亭子排立着的白石平桥，比金鳌玉栋，虽则短些，可是东方建筑的古典趣味，却完全荟萃在这一座桥，这五个亭上。

还有船娘的姿势，也很优美。用以撑船的，是一根竹竿，使劲一撑，竹竿一弯，同时身体靠上去着力，臀部腰部的曲线，和竹竿的线条，配合得异常匀称，异常复杂。若当暮雨潇潇的春日，雇一个容颜姣好的船娘，携酒与茶，来瘦西湖上回游半日，倒也是一种赏心的乐事。

　　船回到了天宁门外的码头，我对那位船娘，却也有点儿依依难舍的神情，所以就出了一个题目，要她在岸上再陪我一程。我问她："这近边还有好玩的地方没有？"她说："还有天宁寺、平山堂。"我说："都已经去过了。"她说："还有史公祠。"于是就由她带路，抄过了天宁门，向东走到了梅花岭下。瓦屋数间，荒坟一座，有的人还说坟里面葬着的只是史阁部的衣冠，看也原没有什么好看；但是一部《二十四史》掉尾的这一位大忠臣的战绩，是读过明史的人，无不为之泪下的；况且经过《桃花扇》作者的一描，更觉得史公的忠肝义胆，活跃在纸上了。我在祠墓的中间立着想着，穿来穿去地走着，竟耽搁了那一位船娘不少的时间。本来是阴沉短促的晚秋天，到此竟垂垂欲暮了，更向东踏上了梅花岭的斜坡，我的唱山歌的老病又发作了，就顺口唱出了这么的二十八字：

　　　　三百年来土一丘，史公遗爱满扬州。
　　　　二分明月千行泪，并作梅花岭下秋。

　　写到这里，本来是可以搁笔了，以一首诗起，更以一首诗终，岂不很合鸳鸯蝴蝶的体裁么，但我还想加上一个总结，以醒醒你的"骑鹤上扬州"的迷梦。

　　总之，自大业初开邗沟入江渠以来，这扬州一郡，就成了中国南北交通的要道；自唐历宋，直到清朝，商业集中于此，冠盖也云屯在这里。既有了有产及有势的阶级，则依附这阶级而生存的奴隶阶级，自然也不得不产生。贫民的儿女，就被他们强迫做婢妾，于是乎就有了杜牧之的青楼薄幸之名，所谓"春风十里扬州路"者，盖指此。有了有钱的老爷和美貌的名娼，则饮食起居（园亭）、衣饰犬马、名歌艳曲、才士雅人（帮闲食客），自然不得不随之而俱兴，所以要腰缠十万贯，才能逛扬州者，以此。但是铁路开后，扬州就一落千丈，萧条到了极点。从前的运使、河督之类，现在也已经驻上了别处；殷实商户，巨富乡绅，自然也分迁到了上海或天津等洋大人的保护之区，故而目下的扬州只剩了一个历史上的剥制的虚壳，内容便什么也没有了。

扬州之美，美在各种的名字，如绿杨邨、二十四桥、杏花村舍、邗上农桑、尺五楼、一粟庵等；可是你若辛辛苦苦，寻到了这些最风雅也没有的名称的地方，也许只有一条断石，或半间泥房，或者简直连一条断石、半间泥房都没有的。张陶庵有一册书，叫作《西湖梦寻》，是说往日的西湖如何可爱，现在却不对了，可是你若到扬州去寻梦，那恐怕要比现在的西湖还更不如。

你既不敢游杭，我劝你也不必游扬，还是在上海梦里想象想象欧阳公的平山堂、王阮亭的虹桥、《桃花扇》里的史阁部、《红楼梦》里的林如海，以及盐商的别墅、乡宦的妖姬，倒来得好些。枕上的卢生，若长不醒，岂非快事。一遇现实，那里还有 Dichtung 呢！

一九三五年五月

语堂附记：吾脚腿甚坏，却时时想训练一下。虎丘之梦既破，扬州之梦未醒，故一年来即有约友同游扬州之想。日前约大杰、达夫同去，忽来此一长函，知是去不成了。不知是未凑足稿费，还是映霞不许。然我仍是要去，不管此去得何罪名，在我总是书上太常看见的地名，必想到一到。怎样是邗江，怎样是瓜洲，怎样是二十四桥，怎样是五亭桥，以后读书时心中才有个大略山川形势。即使平山堂已是一楹一牖，也必见识见识。

（原载《人间世》一九三五年第二十八期，原题《扬州旧梦寄语堂》）

田 汉：
扬州号称"江北的江南"

田汉（1898—1968），原名寿昌，曾用笔名伯鸿、陈瑜、漱人、汉仙等，湖南长沙人，话剧作家、戏曲作家、电影剧本作家、小说家、诗人、歌词作家、文艺批评家、社会活动家。中国现代戏剧奠基人。为《义勇军进行曲》作词，后该曲成为中华人民共和国国歌。

彦祥回旅馆借照相机去了，我们——阿英、凌鹤、汉文、惕予、我五人就在站旁一家小茶馆店暂时休息。阿英恐怕误了买票的时间，先出去了。一忽儿回座，盛称镇江人客气，说有一个女人认也认不识他，竟亲切地请他进店子吃面。大家笑着贺他的幸福。彦祥转来仍是空身，百岁上园子去了，王熙春也出门访亲友去了，照相机不知摆在何处，我们只好牺牲摄影乐趣，登上了赴瓜洲的小火轮。

好久没有亲近长江的风涛，尽管里面坐有几位"扬州佳丽"，我们也不乐意坐在舱里，都跑到甲板上纵览四周云物。金焦之间我最喜甘露寺。数年前曾在那儿摄过一次电影，此来却无暇重访了。凌鹤兄不知何所思，颇为沉默的样子。但惕予们都寻他开玩笑，说我们这趟算是"骑鹤上扬州"。最妙的由瓜洲坐长途汽车时，有一乘客絮絮向凌鹤兄询问路程远近和扬州情形，初不知凌鹤兄也是扬州的生客，于是阿英笑那人是"问道于鹤"，这把我们都笑苦了。扬州号称"江北的江南"，郊景本不算坏，而最使人不快的却是那无数的土馒头。但现在有什么办法？

因为晚上必须赶回镇江，我们在扬州一共才玩了四个钟头，首先是穿过城中心直访梅花岭史阁部衣冠冢，由那儿叫了两只小船经过绿杨邨、大虹桥到五亭桥、法海寺而归。五亭桥修好了，风致极佳，但使芥川龙之介再来，或者又将嫌那色调太新了。阿英要到教场街旧书店找旧书，我们的船便由水门进城。虽一路颇有浣纱人，然城内河水与城外清浊迥异，趣味亦减。阿英旧书店猎奇工作无甚收获，匆匆赶六时半汽车归镇江时，已是万家灯火了。和他们分手的时候，我写了这样几绝纪行诗：

江潮如吼打孤城，百世犹闻杀敌声。
今日倾危如昔日，梅花岭上访先生。

春堤十里柳千条，如此风光入素描。
平视侧观都艳绝，瘦西湖上五亭桥。

非关明月动吟怀，访缺寻残破铁鞋。
碧血忧腥文献邈，阿英悯怅教场街。

两三渔火一桡舟，待渡瓜洲古渡头。

教场街

南国故人应记取，当年风雪上扬州。

景深兄命写镇扬之游的日记，草草成此，但日月却忘记了。大约是四月十号上下吧。

（原载《青年界》一九三七年第十二卷第一号，原题《镇扬日记》）

石　挥：
不食绿杨邨小吃等于白来

石挥（1915—1957），原名石毓涛，天津人，演员、导演。先后参加中国旅行剧团、上海剧艺社等。演出过《家》等剧目，导演过《我这一辈子》等作品。

此次浪迹江南，既无目的，又无计划，兴之所至，到处皆可一游。在江边见船只颇伙，此为镇江之码头，问路人往扬州该走何路，一老人指一公所，视之则为长江轮渡公司，趋前询之，答曰：大洋二元，可达彼岸，再乘汽车可直达扬州，车费十一元。如此便当，何不一游？买得船票后即乘风破浪去向扬州矣。坐在船头，看江中浊浪相击，此起彼伏，汹涌异常，迎面来了一高大浪花，瞬间即消失，继之者又是一大浪花迎面而来，依然又消失在江中。江风殊劲，故白浪滔天，浩渺一片。

抵岸登车，继续前行，不意中途车坏，坐等三小时，来一载重车，再上旅途。坐在我面前的是位和尚，旁边立一少妇，由于车的颠簸，少妇很自然地趴在和尚的身上。人多车小，少妇立不起身来，四周的人看着好笑，少妇却并不羞涩，和尚也受之泰然，心里得意，脸上开心，笑得连嘴也合不拢来，这真是哪世修来的艳福。

到扬州，大雨倾盆，冒雨过江进南门，询之门警："瘦西湖在哪里？"答曰："出北门尚有五里许即达。"于是买车前进于风雨中。在雨篷缝隙处得见扬州街市，小而狭，多石子，但颇繁荣。车抵北门时，已是雨过天青，一片草香扑鼻而来，瘦西湖已远远在望矣。快步前行，以六十元得一小艇，拔舟而下，在巨柳深处有一绿杨邨。船夫说，游瘦西湖不食绿杨邨小吃等于白来。于是弃舟登陆，戴上船夫的大草帽，以一渔人姿态入绿杨邨，由船夫代叫开花馒头、肉馅包子、甜馅点心，实在好吃，竟一扫而光。

长堤垂柳，两岸成荫，一曲湖水像条丝带偃卧在眼前，加之雨后初晴，瘦西湖上平添几许秀丽之色。奇怪，我游过许多地方，好像对瘦西湖特具好感。她好像是一个大家闺秀，不知是为了什么，被丢在郊外，度着这孤寂的生活。虽经风吹雨打，但是侵蚀不了她的秀丽高贵，正如徐园中汪国桢所题的"名园别有天地，斯人不愧英雄"。我觉得徐宝山家祠设在此湖畔，做了瘦西湖的前卫，这正有多少巧合，我爱瘦西湖。我爱瘦西湖。

平山堂、五亭桥皆为奇地。停舟于五亭桥下，铁马叮当，鸟雀成群，真是一幅天然图画。不自禁地跳上了岸，奔驰在桥之左右，看看东再看看西，这里又是一块天地，这真是使人留恋的地方，好像一入此湖，即可成仙似的，使人欣然止步。若不是船夫相唤，几乎忘了时近黄昏矣。

归途上再荡舟湖中，静静而行，夕阳下的瘦西湖，更令人留恋，心里有着说不出的空虚，好像离开了瘦西湖，就是个污秽可怕的世界。但这可怕的世界却是人们一定要回去的现实境地，现实的丑恶是逃不开的，于是心里感到悲哀，顿时消失了方才的游兴，默然地听凭船夫摇去。忽见一尼姑立于桥前水中，手执一竹竿，前系一口袋，行乞于我，我自然地放进五元钞一纸。那时我不由得感到自身的凄凉可慨，更忆及伊人，正在花前月下，与另一个人在握手言情，悲从中来，不觉坠泪。良久，轻轻地自诵着："瘦西湖上荡孤客，一片痴情寄玉人。"

再经过绿杨邨，道一声珍重，便穿过成荫巨柳，重踏上旧路，心中顿觉沉闷。人皆道我得财远遁，自寻其乐，其实又何尝不是含泪作游，聊医心头创痛呢！我固愿效大肚佛之"肚大容世间难容之物，开颜笑天下可笑之人"，但人与佛之间毕竟是有着距离的。我终于重回到这十里人烟的上海。

人群依旧是熙攘，车马好像奔驰得更快了些，物价紧随着飞涨，不肯落实。人们继续着厮杀混战，你争我夺，既生在这个时代，为了求生，你就不能不跟着喊那抢那地过下去。真理人各具一套，分不出青红皂白谁是谁非。勇士当持刀而战，弱者只好退下阵来，我伫立在这进与退的三岔路口，茫然若失。眼前我是被挤轧在这个冲击中，不知何年何月跳出这混浊的涡流，挥动板斧，再做一次冲锋，杀出一条血路。

（原载《天涯海角篇》，上海春秋杂志社一九四六年二月出版，原题《在扬州》）

朱自清：
扬州是吃得好的地方

朱自清（1898—1948），原名自华，号秋实，后改名自清，字佩弦，江苏扬州人，作家、诗人、学者。著有《背影》《你我》《欧游杂记》《伦敦杂记》等。

在第十期上看到曹聚仁先生的《闲话扬州》，比那本出名的书有味多了。不过那本书将扬州说得太坏，曹先生又未免说得太好；也不是说得太好，他没有去那里，所说的只是从诗赋中、历史上得来的印象。这些自然也是扬州的一面，不过已然过去，现在的扬州却不能再给我们那种美梦。

自己从七岁到扬州，一住十三年，才出来念书。家里是客籍，父亲又是在外省当差事的时候多，所以与当地贤豪长者并无来往。他们的雅事，如访胜、吟诗、赌酒、书画名家、烹调佳味，我那时全没有份，也全不在行。因此虽住了那么多年，并不能做扬州通，是很遗憾的。记得的只是光复的时候，父亲正病着，让一个高等流氓凭了军政府的名字，敲了一竹杠。还有，在中学的几年里，眼见所谓"甩子团"横行无忌。"甩子"是扬州方言，有时候指那些"怯"

朱家合影（左起：朱自清次子朱闰生、小坡公、朱自清二女朱逖先及朱自清三女朱效武，摄于一九三五年）

的人，有时候指那些满不在乎的人，"甩子团"不用说是后一类。他们多数是绅宦家子弟，仗着家里或者"帮"里的势力，在各公共场所闹标劲，如看戏不买票、起哄等等，也有包揽词讼、调戏妇女的。更可怪的，大乡绅的仆人可以指挥警察区区长，可以大模大样招摇过市——这都是民国五六年的事，并非前清君主专制时代。自己当时血气方刚，看了一肚子气；可是人微言轻，也只好让那口气憋着罢了。

从前扬州是个大地方，如曹先生那文所说；现在盐务不行了，简直就算个"没落儿"的小城。

可是一般人还忘其所以地要气派，自以为美，几乎不知天多高地多厚。这真是所谓"夜郎自大"了。扬州人有"扬虚子"的名字。这个"虚子"有两种意思，一是大惊小怪，二是以少报多，总而言之，不离乎虚张声势的毛病。他们还有个"扬盘"的名字，譬如东西买贵了，人家可以笑话你是"扬盘"；又如店家价钱要得太贵，你可以诘问他："把我当扬盘看么？"盘是捧出来给别人看的，正好形容要气派的扬州人。又有所谓"商派"，讥笑那些仿效盐商的奢侈生活的人，那更是气派中之气派了。但是这里只就一般情形说，刻苦诚笃的君子自然也有；我所敬爱的朋友中，便不缺乏扬州人。

提起扬州这地名，许多人想到是出女人的地方。但是我长到那么大，从来不曾在街上见到一个出色的女人，也许那时女人还少出街吧？不过从前所谓"出女人"，实在指姨太太与妓女而言，那个"出"字就和出羊毛、出苹果的"出"字一样。《陶庵梦忆》里有

"扬州瘦马"一节，就记的这类事，但是我毫无所知。不过纳妾与狎妓的风气渐渐衰了，"出女人"那句话怕迟早会失掉意义的吧。

另有许多人想，扬州是吃得好的地方。这个保你没错儿。北平寻常提到江苏菜，总想着是甜甜的腻腻的。现在有了淮扬菜，才知道江苏菜也有不甜的；但还以为油重，和山东菜的清淡不同。其实真正油重的是镇江菜，上桌子常教你腻得无可奈何。扬州菜若是让盐商家的厨子做起来，虽不到山东菜的清淡，却也滋润、利落，绝不腻嘴腻舌。不但味道鲜美，颜色也清丽悦目。扬州又以面馆著名。好在汤味醇厚，是所谓白汤，由种种出汤的东西如鸡鸭鱼肉等熬成，好在它的厚，和啖熊掌一般。也有清汤，就是一味鸡汤，倒并不出奇。内行人吃面要"大煮"，普通将面挑在碗里，浇上汤，"大煮"是将面在汤里煮一会，更能入味些。

扬州最著名的是茶馆，早上去下午去都是满满的。吃的花样最多。坐定了沏上茶，便有卖零碎的来兜揽，手臂上挽着一个黯淡的柳条筐，筐子里摆满了一些小蒲包，分放着瓜子、花生、炒盐豆之类。又有炒白果的，在担子上铁锅爆着白果，一片铲子的声音。得先告诉他，才给你炒。炒得谷子爆了，露出黄亮的仁儿，铲在铁丝罩里送过来，又热又香。还有卖五香牛肉的，让他抓一些，摊在干荷叶上；叫茶房拿点好麻酱油来，拌上慢慢地吃。也可向卖零碎的买些白酒——扬州普通都喝白酒——喝着。这才叫茶房烫干丝。北平现在吃干丝，都是所谓煮干丝；那是很浓的，当菜很好，当点心却未必合适。烫干丝先将一大块方的白豆腐干飞快地片成薄片，再切为

117

细丝，放在小碗里，用开水一浇，干丝便熟了；滗去了水，抟成圆锥似的，再倒上麻酱油，搁一撮虾米和干笋丝在尖儿，就成。说时迟，那时快，刚瞧着在切豆腐干，一眨眼已端来了。烫干丝就是清得好，不妨碍你吃别的。接着该要小笼点心。北平淮扬馆子出卖的汤包，诚哉是好，在扬州却少见；那实在是淮阴的名产，扬州不该掠美。扬州的小笼点心，肉馅儿的、蟹肉馅儿的、笋肉馅儿的且不用说，最可口的是菜包子、菜烧麦，还有干菜包子。菜选那最嫩的，剁成泥，加一点儿糖一点儿油，蒸得白生生的、热腾腾的，到口轻松地化去，留下一丝儿余味。干菜也是切碎，也是加一点儿糖和油，燥湿恰到好处；细细地咬嚼，可以嚼出一点橄榄般的回味米。这么着每样吃点儿也并不太多。要是有饭局，还尽可以从容地去。但是要老资格的茶客才能这样有分寸；偶尔上一回茶馆的本地人外地人，却总忍不住狼吞虎咽，到了儿捧着肚子走出。

扬州游览以水为主，以船为主，已另有文记过，此处从略。城里城外古迹很多，如文选楼、天保城（应为堡城——编者注）、雷塘、二十四桥等，却很少人留意；大家常去的只是史可法的梅花岭罢了。倘若有相当的假期，邀上两三个人去寻幽访古倒有意思；自然，得带点花生米、五香牛肉、白酒。

（原载《人间世》一九三四年第一卷，原题《说扬州》）

朱自清：
扬州夏日的好处大半在水上

讲述人生平同前。

　　扬州从隋炀帝以来，是诗人文士所称道的地方；称道的多了，称道得久了，一般人便也随声附和起来。直到现在，你若向人提起"扬州"这个名字，他会点头或摇头说："好地方！好地方！"特别是没去过扬州而念过些唐诗的人，在他心里，扬州真像蜃楼海市一般美丽；他若念过《扬州画舫录》一类书，那更了不得了。但在一个久住扬州像我的人，他却没有那么美丽的幻想，他的憎恶也许掩住了他的爱好；他也许离开了三四年并不去想它。若是想呢，——你说他想什么？女人。不错，这似乎也有名，但怕不是现在的女人吧？——他也只会想着扬州的夏日，虽然与女人仍然不无关系的。

　　北方和南方一个大不同，在我看，就是北方无水而南方有。诚然，北方今年大雨，永定河、大清河甚至决了堤防，但这并不能算是有水；北平的三海和颐和园虽然有点儿水，但太平衍了，一览而尽，船又那么笨头笨脑的。有水的仍然是南方。扬州的夏日，好处大半便在水上——有人称为"瘦西湖"，这个名字真是太"瘦"了，假西湖之名以行，"雅得这样俗"，老实说，我是不喜欢的。下船的地方便是护城河，曼衍开去，曲曲折折，直到平山堂，——这是你们熟悉的名字——有七八里河道，还有许多汊汊丫丫的支流。这条河其实也没有顶大的好处，只是曲折而有些幽静，和别处不同。

沿河最著名的风景是小金山、法海寺、五亭桥，最远的便是平山堂了。金山你们是知道的，小金山却在水中央。在那里望水最好，看月自然也不错——可是我还不曾有过那样福气。"下河"的人十之九是到这儿的，人不免太多些。法海寺有一个塔，和北海的一样，据说是乾隆皇帝下江南，盐商们连夜督促匠人造成的。法海寺著名的自然是这个塔；但还有一桩，你们猜不着，是红烧猪头。夏天吃红烧猪头，在理论上也许不甚相宜；可是在实际上，挥汗吃着，倒也不坏的。五亭桥如名字所示，是五个亭子的桥。桥是拱形，中一亭最高，两边四亭，参差相称；最宜远看，或看影子，也好。桥洞颇多，乘小船穿来穿去，另有风味。平山堂在蜀冈上。登堂可见江南诸山淡淡的轮廓；"山色有无中"一句话，我看是恰到好处，并不算错。这里游人较少，闲坐在堂上，可以永日。沿路光景，也以闲寂胜。从天宁门或北门下船，蜿蜒的城墙，在水里倒映着苍黝的影子，小船悠然地撑过去，岸上的喧扰像没有似的。

船有三种：大船专供宴游之用，可以挟妓或打牌。小时候常跟了父亲去，在船里听着谋得利洋行的唱片。现在这样乘船的大概少了吧？其次是"小划子"，真像一瓣西瓜，由一个男人或女人用竹篙撑着。乘的人多了，便可雇两只，前后用小凳子跨着：这也可算得"方舟"了。后来又有一种"洋划"，比大船小，比"小划子"大，上支布篷，可以遮日遮雨。"洋划"渐渐地多，大船渐渐地少，然而"小划子"总是有人要的。这不独因为价钱最贱，也因为它的伶俐。一个人坐在船中，让一个人站在船尾上用竹篙一下一下地撑着，简直是一首唐诗，或一幅山水画。而有些好事的少年，愿意自己撑船，也非"小划子"不行。"小划子"虽然便宜，却也有些分别。譬如说，你们也可想到的，女人撑船总要贵些；姑娘撑的自然更要贵啰。这些撑船的女子，便是有人说过的"瘦西湖上的船娘"。船娘们的故事大概不少，但我不很知道。据说以乱头粗服、风趣天然为胜；中年而有风趣，也仍然算好。可是起初原是逢场作戏，或尚不伤廉惠；以后居然有了价格，便觉意味索然了。

北门外一带，叫作下街，茶馆最多，往往一面临河。船行过时，茶客与乘客可以随便招呼说话。船上人若高兴时，也可以向茶馆中要一壶茶，或一两种小笼点心，在河中喝着，吃着，谈着。回来时再将茶壶和所谓小笼连价款一并交给茶馆中人。撑船的都与茶馆相熟，他们不怕你白吃。扬州的小笼点心实在不错；我离开扬州，也走过七八处大大小小的地方，还没有吃过那样好的点心；这其实是值得惦记的。茶馆的地方大致总好，名字也颇有好的。如香影廊、绿杨邨、红叶山庄，都是到现在还记得的。绿杨邨的幌子，挂在绿杨树上，随风飘展，使人想起"绿杨城郭是扬州"的名句。里面还

旖旎瘦西湖

有小池、丛竹、茅亭，景物最幽。这一带的茶馆布置都历落有致，迥非上海、北平方方正正的茶楼可比。

"下河"总是下午。傍晚回来，在暮霭朦胧中上了岸，将大褂折好搭在腕上，一手微微摇着扇子；这样进了北门或天宁门走回家中。这时候可以念"又得浮生半日闲"那一句了。

（原载《你我》，商务印书馆一九三六年出版，原题《扬州的夏日》）

朱自清：
只有扬州可以算是我的故乡

讲述人生平同前。

有些国语教科书里选得有我的文章，注解里或说我是浙江绍兴人，或说我是江苏江都人——就是扬州人。有人疑心江苏江都人是错了，特地老远地写信托人来问我。我说两个籍贯都不算错，但是若打官话，我得算浙江绍兴人。浙江绍兴是我的祖籍或原籍，我从进小学就填的这个籍贯；直到现在，在学校里服务快三十年了，还是报的这个籍贯。不过绍兴我只去过两回，每回只住了一天；而我家里除先母外，没一个人会说绍兴话。

我家是从先祖才到江苏东海做小官。东海就是海州，现在是陇海路的终点。我就生在海州。四岁的时候先父又到邵伯镇做小官，将我们接到那里。海州的情形我全不记得了，只对海州话还有亲热感，因为父亲的扬州话里夹着不少海州口音。在邵伯住了差不多两年，是住在万寿宫里。万寿宫的院子很大，很静；门口就是运河。

124

河坎很高，我常向河里扔瓦片玩儿。邵伯有个铁牛湾，那儿有一头铁牛镇压着。父亲的当差常抱我去看它、骑它、抚摩它。镇里的情形我也差不多忘记了。只记住在镇里一家人家的私塾里读过书，在那里认识了一个好朋友叫江家振。我常到他家玩儿，傍晚和他坐在他家荒园里一根横倒的枯树干上说着话，依依不舍，不想回家。这是我第一个好朋友，可惜他未成年就死了；记得他瘦得很，也许是肺病吧？

六岁那一年父亲将全家搬到扬州。后来又迎养先祖父和先祖母。父亲曾到江西做过几年官，我和二弟也曾去过江西一年；但是老家一直在扬州住着。我在扬州读初等小学，没毕业；读高等小学，毕了业；读中学，也毕了业。我的英文得力于高等小学里一位黄先生，他已经过世了。还有陈春台先生，他现在是北平著名的数学教师。这两位先生讲解英文真清楚，启发了我学习的兴趣；只恨我始终没有将英文学好，愧对这两位老师。还有一位戴子秋先生，也早过世了，我的国文是跟他老人家学着做通了的，那是辛亥革命之后在他家夜塾里的时候。中学毕业，我是十八岁，那年就考进了北京大学预科，从此就不常在扬州了。

就在十八岁那年冬天，父亲母亲给我在扬州完了婚。内人武钟谦女士是杭州籍，其实也是在扬州长成的。她从不曾去过杭州，后来同我去是第一次。她后来因为肺病死在扬州，我曾为她写过一篇《给亡妇》。我和她结婚的时候，祖父已死了好几年了。结婚后一年祖母也死了。他们两老都葬在扬州，我家于是有祖茔在扬州了。后来亡妇也葬在这祖茔里。母亲在抗战前两年过世，父亲在胜利前四个月过世，遗憾的是我都不在扬州；他们也葬在那祖茔里。这中间叫我痛心的是死了第二个女儿！她性情好，爱读书，做事负责任，待朋友最好。已经成人了，不知什么病，一天半就完了！她也葬在祖茔里。我有九个孩子。除第二个女儿外，还有一个男孩不到一岁就死在扬州；其余亡妻生的四个孩子都曾在扬州老家住过多少年。这个老家直到今年夏初才解散了，但是还留着一位老年的庶母在那里。

我家跟扬州的关系，大概够得上古人说的"生于斯，死于斯，歌哭于斯"了。现在亡妻生的四个孩子都已自称为扬州人了；我比起他们更算是在扬州长成的，天然更该算是扬州人了。但是从前一直马马虎虎地骑在墙上，并且自称浙江人的时候还多些，又为了什么呢？这一半因为报的是浙江籍，求其一致；一半也还有些别的道理。这些道理第一桩就是籍贯是无所谓的。那时要做一个世界人，连国籍都觉得狭小，不用说省籍和县籍了。那时在大学里觉得同乡会最没有意思。我同住的和我来往的自然差不多都是扬州人，自己却因为浙江籍，不去参加江苏或扬州同乡会。可是虽然是浙江绍兴籍，却又没跟一个道地浙江人来往，因此也就没人拉我去开浙江同乡会，更不用说绍兴同乡会了。这也许是两栖或骑墙的好处吧？然而出了学校以后到底常常会到道地绍兴人了。我既然不会说绍兴话，并且除了花雕和兰亭外几乎不知道绍兴的别的情形，于是乎往往只好自己承认是假绍兴人。那虽然一半是玩笑，可也有点儿窘的。

还有一桩道理就是我有些讨厌扬州人，我讨厌扬州人的小气和虚气。小是眼光如豆，虚是虚张声势。小气无须举例。虚气例如已故的扬州某中央委员，坐包车在街上走，除拉车的外，又跟上四个人在车子边推着跑着。我曾经写过一篇短文，指出扬州人这些毛病。后来要将这篇文收入散文集《你我》里，商务印书馆不肯，怕再闹出《闲话扬州》的案子。这当然也因为他们总以为我是浙江人，而浙江人骂扬州人是会得罪扬州人的。但是我也并不抹杀扬州的好处，曾经写过一篇《扬州的夏日》，还有在《看花》里也提起扬州福缘庵的桃花。再说现在年纪大些了，觉得小气和虚气都可以算是地方气，绝不止是扬州人如此。从前自己常答应人说自己是绍兴人，一半又因为绍兴人有些憨气，而扬州人似乎太聪明。其实扬州人也未尝没憨气，我的朋友任中敏（二北）先生，办了这么多年汉民中学，不管人家理会不理会，难道还不够"憨"的？绍兴人固然有憨气，但是也许还有别的气我讨厌的，不过我不深知罢了。这也许是阿Q的想法吧？然而我对于扬州的确渐渐亲热起来了。

扬州真像有些人说的，不折不扣是个有名的地方。不用远说，李斗《扬州画舫录》里的扬州就够羡慕的。可是现在衰落了，经济上是一日千丈地衰落了，只看那些没精打采的盐商家就知道。扬州人在上海被称为"江北佬"，这名字总而言之表示低等的人。江北佬在上海是受欺负的，他们于是学些不三不四的上海话来冒充上海人。到了这地步他们可竟会忘其所以地欺负起那些新来的江北佬了。这就养成了扬州人的自卑心理。抗战以来许多扬州人来到西南，大半都自称为上海人，就靠着那一点不三不四的上海话；甚至连这一点都没有，也还自称为上海人。其实扬州人在本地也有他们的骄傲的。他们称徐州以北的人为侉子，那些人说的是侉话。他们笑镇江人说话土气，南京人说话大舌头，尽管这两个地方都在江南。英语他们称为蛮话，说这种话的当然是蛮子了。然而这些话只好关着门在家里说，到上海一看，立刻就会矮上半截，缩起舌头不敢喷一声了。扬州真是衰落得可以啊！

我也是一个江北佬，一大堆扬州口音就是招牌，但是我却不愿做上海人；上海人太狡猾了。况且上海对我太生疏，生疏的程度跟绍兴对我也差不多；因为我知道上海虽然也许比知道绍兴多些，但是绍兴究竟是我的祖籍，上海是和我水米无干的。然而年纪大起来了，世界人到底做不成，我要一个故乡。俞平伯先生有一行诗，说"把故乡掉了"。其实他掉了故乡又找到了一个故乡；他诗文里提到苏州那一股亲热，是可羡慕的，苏州就算是他的故乡了。他在苏州度过他的童年，所以提起来一点一滴都亲亲热热的，童年的记忆最单纯、最真切，影响最深最久；种种悲欢离合，回想起来最有意思。"青灯有味是儿时"，其实不止青灯，儿时的一切都是有味的。这样看，在那儿度过童年，就算那儿是故乡，大概差不多吧？这样看，就只有扬州可以算是我的故乡了。何况我的家又是"生于斯，死于斯，歌哭于斯"呢？所以扬州好也罢，歹也罢，我总该算是扬州人的。

一九四六年九月二十五日作

（原载《人物》一九四六年十月一日第一卷第十期，原题《我是扬州人》）

第二编

湖山寻梦

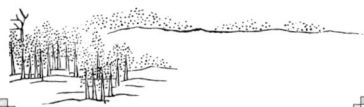

胡伦清：
出扬城北门就见有一泓碧澄澄的水

胡伦清（1896—1966），名永声，以字行，浙江海宁人。北京大学中文系毕业，曾参加五四运动，一生从事教育事业。主编《乐府诗选》《国文精选丛书》《唐宋传奇小说选》等。

一九三三年五月里正是十八年前我国被暴日威胁接受二十一条亡国条件的那个国耻纪念日，我和博文、子行由六圩忍耐地坐完了颠簸不定的三十里汽车，到达具备着繁华绮艳的历史意味的扬州了。行装刚卸，席还未暖，我就提议立作瘦西湖之游。

出扬城北门就见有一泓碧澄澄的水，沿着城郭弧形似湾湾地展拓开去，靠河水阁开着几家茶肆，招帘高挑，洗尽尘俗，使我依稀仿佛重温二十多年前在杭州金门外濒湖啜茶钓鱼时的旧梦。河滩上泊着的游船，平底作长方形，顶上铺有薄板或铅皮，用舷旁几根绿漆斑驳的柱子支持着，船底宽平，放着陈旧得作黝黑暗色的方桌一张、躺椅几把，和西湖里那种白帆布顶、铜质栏杆、藤靠背椅的划子相较，显着一个是稳重，一个是轻灵，一个是简朴，一个是新颖；一个还保存着破落乡绅的旧模样，一个却渲染了近代都市的摩登化。

两个同名的湖，体态风格之难一致，已可从小小的游船上约略探究些出来。

我们在岸上徘徊赏览了半晌，终于雇定只游船荡漾在水中央了。那时日影西斜，照射在疏林掩映的雉堞上，作橙黄色。岸的那边，竹篱茅舍错综断续地迎着面来，清气扑人。我们都是初次来游，凡感官所能接触到的，自然着着皆新了。舟子似乎知道我们是远客，到了大虹桥，他指点着那湾环的桥洞，带着指导的口吻对我们说："刚才所经过的，是护城河，穿过这桥洞，那才是瘦西湖了。"

湖面于是展开在我们眼前了。它不像西湖那样具着滚圆的脸，而是苗条富有曲线美的风韵，比西湖确实消瘦些了，然而柔婉娴静，那东方美人的德性，它或许得天独厚还能牢固地把握着吧。湖水清澈见底，游鱼可数，水草在湖底蔓延生着，游船不用桨摇，而用篙撑，亦是会着避去水草缠绞，反使速率减低之故。其实游湖比不得划船比赛，原是要慢慢地领略体会，走马看花，本来是什么都观察不到的。

船轻轻溜过去，络绎地遇着了几只尽尽归来的游船，船里男女杂沓，谑浪笑傲，欢愉的情绪在颜面上自然地流露出来。男的大概作商人模样，女的靓装入时，神情洒落，至于他们是眷属，是情侣，那可不易下着断语了。我记得郭茂倩《乐府诗集》里的《西曲》，大多是六朝隋唐间荆郢襄邓地方的民间恋歌，且多和扬州的商人有关的。如：

闻欢下扬州，相送江津湾。

愿得篙橹折，交郎到头还。

闻欢下扬州，相送楚山头。
探手抱腰看，江水断不流。

人言扬州乐，扬州信自乐。
总角诸少年，歌舞自相逐。

扬州石榴花，摘插双襟中。
葳蕤当忆我，莫持艳他侬。

之类都是情感深挚、缠绵悱恻的作品。那时扬州的繁荣，约与现在的上海差不多。《资治通鉴》唐昭宗"景福元年"条下说："扬州富庶甲天下，时人称扬一益二。"意思就是扬州的富力，那时要占着第一，素称天府之国的四川，只能屈列第二，甘拜下风，就可窥见一斑。因都市的繁华，一切游戏享乐、饮食男女的勾当，自然要跟着发达。以杜牧之那样的俊才，尚且要昏沉迷醉在这里，把十年宝贵的光阴轻易虚掷，仅当作一个幻梦看待，无怪家乡的眷属情侣当送征夫作客扬州时，要这样叮咛嘱咐了。看到了眼前的事实，我禁不住那深沉地发着遐想。

"徐园到了，上去玩吧。"舟子这样地叫着，把我在沉思中唤回。我们把船停靠在满蔽着柳荫的堤边，走进了粉妆剥落的一个门内，

133

啊！这原来是那民国初年杀人不眨眼、结果也被人暗杀的徐宝山的祠堂。那园的区域虽不很宽广，但假山茅亭、竹林荷池等，亦应有尽有。最惹人注意的，为两只不能算小的铁镬，这是行军时烧饭的工具，镬旁铸着很多篆文，可惜剥蚀得已难辨认，极古色古香之致。这个地方为清初王渔洋任扬州推官时筑，以与文人诗酒流连之所，原为瘦西湖上的名胜，不知怎的竟被徐宝山占为私家花园，他死后又改成祠堂。一个是神韵派的斯文雅士，一个是屠伯式的起起武夫，前后辉映，作极好的对比，真是一个异常有趣的典实。

徐园对面，为小金山，是个锤形的小洲，槎枒的古树笼罩着洲上叠石而成的小丘。我们移船过去，从崎岖的山石间攀登小丘顶的亭上去眺望，湖景整个地显露在目前，好鸟时鸣，景物至为幽秀。这里是以国事为儿戏的贾似道所建云山阁的遗址，石罅泥中还遗剩着蟋蟀的佳种也说不定吧。我们朝晨虽已在镇江看过了金山的雄姿，后渡着江来，但这具体而微的小金山，亦自有它不可埋没的特点。

通过了小金山下狭窄紧逼的水道，顿觉豁然开朗，发现了一个广阔的湖面，一座好像北平北海中白塔那样的建筑物远远地向着我们点头。舟子说，这是个塔，是紧锁在法海寺里的。急急傍岸去看，搜索到那寺的后院里，才见到那座喇嘛塔寂寞地矗立在丛生的蔓草间，满显着颓唐衰老之态，夕阳照着葫形的塔顶上，盛年难再的感伤，不禁油然地起来了。寺僧说是正在募捐重修，然见他感到现世善男信女的稀少，而起着轻微的叹息时，觉这喇嘛塔前途的运命，亦还不可乐观。据传说，这个塔的建成，仅为着清乾隆帝南巡到扬

喇嘛塔

州时无意中说了一句"这里少个喇嘛塔"的话，给当时扬州富敌王侯的盐商听见了，竟鸠工庀材竭一夜的工力速成了的。这个塔，可说是有经济力的资本家用以巴结握有最高政治统治权的皇帝的一种礼物，和那寺僧感叹目前善男信女的稀少，同是含有很浓厚的经济背景的。

刹那时到了五亭桥，这桥构造得别开生面，我生平却从未见过。桥上中构一亭，相等的四角又各分构一亭，都簇聚在桥的中心，远远地望去，姿态秀朗无比。那四角分亭的底下空着，又各成桥洞三个，据说盛夏挥汗如雨时，这桥亭底下是极良好的避暑处，凉爽如入冰洞。在我过去的意识中，夏天只晓得山上避暑，哪里晓得扬州却在桥下避暑。然而夏天够得上上庐山、莫干山等处避暑去的，不是达官贵人，就是资产阶级，我们一般平民终年奔走衣食，能够有福分在桥下避避暑，那就已心满意足了。

湖的两岸，密密地栽植着无数的杨柳，轻盈的腰肢，随风袅娜摆荡，映在镜面似的银波上，风致愈其娟媚。湖上的一切名胜建筑，到现在固然渐就颓败芜废，李斗的《扬州画舫录》里所记盛况，固然难以复兴，然湖边杨柳还是保持着青春的体态，对游人表示着最亲昵的感情。"绿扬城郭是扬州"，我不禁低唱着渔洋的佳句。

堤外平畴绿野，乡村底意趣更为盎然。布谷已高朗地在唤醒一般农夫去准备下种插秧了。季候还那么早，乡间事正忙，耕作似乎须得稍缓，然布谷鸟总是尽先负起提撕警觉的责任，而不敢怠荒的。

五亭桥过后，平山堂已远远地在望了。一排排丛密的树林，掩护着绵长的冈峦，鲍照《芜城赋》的"轴以昆冈"，就是指这冈而言。平山堂是建筑这个冈上的。湖水曲折地流到冈下，就此终止了。我觉得假使瘦西湖上没有平山堂那样的冈峦，就难以弥补平铺直叙的缺憾；而瘦西湖到了平山堂下戛然而止，却留着一点含蓄不尽的余味。结构的佳妙，我是没有间言的了。

阳光西下，晓风萧寥时，我们拾级登冈，两旁森森的松林，夹道站立，气象至为幽深严肃。平山堂为欧阳修官扬州时，构筑以为休憩游宴的处所。他是个富于同情心和风趣的人，在我过去的作家印象中，至少是不会放在恶劣之列的。我们在堂前的院落里，眺望着下方，诵着永叔的"平山阑槛倚晴空，山色有无中"的词句，怀旧思古，百端交集。第五泉沉埋在荒草堆里，觉得了无异态。寺院壁上，刻有不少的碑版画像，天渐昏暗，来不及去摩挲细检，就寺僧拓就的碑版字画中，选购了一些以作这次胜游的鸿爪。其中最足引起我的感慨的，是史可法的绝笔家书。那封家书中有这样的话："北兵于十八日围扬城，至今尚未攻打，然人心已去，收拾不来。某早晚必死，不知夫人肯随我去否？如此世界，生亦无益，不如早早决断也。"史公所以消极悲观，下着死的决心，重要主因，还在"人心已去，收拾不来"两句，那时在围城中，一般官绅军民，大约总是有的模棱两可观望风色，有的采取不抵抗主义，有的竟要开门纳降。这种一盘散沙甘为亡国之民，怎样能有方法收拾起来，去抵抗强敌？怎样不使史公看了痛心？我们看王秀楚的《扬州十日记》，记载史公殉城后，清兵在扬州屠城的记录，描写着扬人那种觳觫可怜的状态，把中华民族懦怯委琐的弱点，尽情地暴露出来。那贪生怕死之徒，结果还是那样凄惨的下场，何如史公抗敌壮烈的死呢！我看着这张史公绝笔家书，呆呆地出了神。

我们行色匆遽地下冈登船归去，那美丽的云霞烘托中，腼颜似的月儿，偷偷地露出脸来，在柳叶中窥探着游兴未阑的我们。"月上柳梢头，人约黄昏后。"在封建社会的传统道德底下，一般无聊的文人不是曾为这首《生查子》的词，代欧阳修和朱淑真打过著作权问题的官司么？女作家朱淑真不是为了这两句词，被那卫道的勇士对她的人格发生了怀疑么？我却没心绪理会这些闲事，但就我们那时的感觉，这两句词，描绘此地此时的环境，恰到好处，是最妥帖不过的。

谈笑中，舟子在报告我们扬城淫靡堕落的现况了。我忆起张岱的《陶庵梦忆》中所记养瘦马的陋俗，不知现在彻底铲除了没有。在目下不健全的社会里，到处都是病态，原无足怪，但革命事业假使不仅仅为粉饰表面的话，这种有关于民族体质品性的地方，似乎应得多用一点力。

船又到了大虹桥，回头望望，"雾失楼尽，月迷津渡"，全湖一切已在夜幕中沉沉地睡去了。

（原载《黄钟》第六卷第一期，一九三五年出版，原题《瘦西湖》）

吴易生：
船便在小巧的噗噗的水声中移动起来

吴易生（生卒年不详），出版人，曾主编《人间》《小人间》杂志。

扬州真是一个安闲的、慵懒的地方，瘦西湖里的情调也无非是这样。玩湖的尽管多，市侩也好，小流氓也好，妓女也好，也不会有什么影响，那空气还是静静的。你一个人朝天躺在藤椅上，旁边来来去去经过许多船，照例是无言相视，去远了，你还是躺你的觉。

瘦西湖在扬州的北门城外，出了城，便可看见河，河便是湖。无数的小游艇停在那里，抢兜生意的多是少年、妇女。生意讲好了，往往便换了"男士"来撑。竹篙子一收一放之间，船便在小巧的噗噗的水声中移动起来，撑出好久，往往觉得还见不到湖面，其实已下来一大半的路程了。瘦西湖便"瘦"得这样可怜。

外乡人同我谈起扬州，都喜欢拿瘦西湖与杭州的西湖比较，问如何如何相似，我总觉得好笑。瘦西湖和西湖，其实完全是两件事。照班公兄的说法："瘦西湖以疏胜，以野趣胜。湖边一征绿丛，有时会在无意中忽然出现一只精致的亭子，或者一角褪色的红墙。"这实在是瘦西湖的妙处，它不施脂粉，但是风姿楚楚。如果"精致的亭子"不是偶然出现的，则情趣便要减少不少。瘦西湖里的点缀，都不是因为点缀瘦西湖的，它们都是天然的，没有装饰的意味，如落花无意飘在村姑身上，美便美在无意中。

所以我觉得修理以后的五亭桥，实在已没有什么可取了，况且风铃久已绝响。那白塔呢？有人说很像北京的北海，但北京我没有去过，不能引起联想，只觉得它荒凉得可怜，北海那边也是这般的么？

记得有一次同陈邦祖、毛振干他们游湖时，忽然遇雨，船便躲到五亭桥的桥肚里去，足足等了两三刻钟，雨才停了。那时湖水如镜，两岸的新绿如洗，邦祖小姐还唱了歌。这情景我是始终忘记不掉的，然而邦祖却已去世多年了。

这是我第一次的游湖，已经是民国二十四年的事情。后来或在夏天，或在秋天，也去玩过几趟，最后的一次才发现平山堂的可爱。我的中年感伤的情绪，忽然又无端兴起，那欧阳读书的小楼，我有一个朋友曾去住过，我也几乎有一个前去避暑的机会，但是朋友却走了，只好作罢。晚年如住扬州，我是一定要搬到那边去的。

平山堂与苏州的灵岩寺相仿，但是名堂而不是名寺，则很有点奇怪。大殿之东，有客厅多间，布置简雅，内中也许还有金冬心、罗两峰他们的字画吧，我记不真了。游客走到那里，和尚们便笑容可掬地捧出茶来。在厅上坐下，对江的山影起伏，便在眼底，如再

五亭桥

遇见风雨欲来，则情景便难想象了。

平山堂上的清茶，据说是用"天下第五泉"的泉水煮成的，清香而浓密。我们试过，将茶倒满后，可以连续放下五枚铜板进去，只见茶在碗边抖抖地动，也不会溢出来，真是很有意思。

前次杂志社邀请上海文人游瘦西湖，听说只玩到徐园一带便回头，没有去喝平山堂的清泉，总觉得很为可惜，一定是因为没有老扬州同行啊！

一九四四年七月

（原载《小天地》一九四四年第二期，原题《忆瘦西湖》）

刘庆文：
瘦西湖有如一幅美女图

讲述人生平不详。

　　鲍舍利（Bottieelli）是欧洲极著名的美术大家，他在文艺复兴时代，不但也是崇拜在大自然界中探讨其幽微精妙的美，并且时常以理想超出现实之外的作品，来表现一切大自然界各个想象的印象。他有最精工的一幅画上，是用人体代替风和花的神，而他所绘美女，又和西方画家崇尚健康美的，极其不同。他是拜服而摹仿东方色彩，以中国历来所尚的病态美为其绝技。这是西方唯一的美术名家，而钦佩吾华的美术理想和技能的，真是我国艺术史中多么有价值的荣幸！我国美学家，于大自然界中，本来有充分的认识，故自伏羲画卦，即有少女风之称。而词章家多吟风为"封家十八姨"，行居十八，也是含少艾的意思。画家绘兰花，每题曰"空谷佳人"，其对象是"绝代国色"了。其他诗歌绘事中，以美女寓意于花者，不一而足了，这是以美女代替自然界的象征。我国古代称扬病态美的，则为庄子所说的西子捧罋了。

现以西方美术家的眼光，观察大自然界中的一切，能超乎理想实现之外，而以苏东坡诗句"欲把西湖比西子"移赠于邗江之瘦西湖，则"瘦西湖"三字之题名，比一切诗画家的想象作品，能引起人们优美和善的感想，而瘦西湖则有如一幅美女图，开展于游人目前了。瘦西湖的命名，因其湖身瘦削，而位于邗江城西，又取意于杭州的西湖，而冠以"瘦"字以为分别的。此湖风景，亦可说是杭州西子湖的缩影了。邗江在禹贡即划为扬州，隋为幸都，宋欧阳修休憩处建有平山堂。亡清王渔洋在邗江，主持风雅，尝以文会友于瘦西湖，筑有馆舍，今增改作徐园了。清代豪富盐商，荟萃于此，穷奢极侈，所有古迹名胜，皆修葺装潢，称盛一时，所以邗江有"江北的江南"之誉，而其风景尤美者，则为瘦西湖。其游径，出西门，乘小舫，由驾娘刺篙轻驶，荡漾逍遥，湖光潋滟，山色翠微，目睹神移，有如置身西子湖中，而心灵幻想，超乎物外，又仿佛和绝代丽姝承颜接色了。呀！物华天宝，那晴空怎么幻出彩云明霞来，多么灿烂绚丽，莫是锦绣罗裳吗？蓦地树木中林鸦阵阵地翻飞，这是乌云般的鬓鬟所堆成的吧？邗江昔有隋堤柳的称胜，此湖沿岸，绿杨成行，弥望无际，叶儿修长，殆似淡扫翠眉，枝儿袅娜，仿佛轻盈腰肢；那糁径似雪的杨花，可是凝脂的肌肤吗？附近多漪漪的绿竹，当酿着清冷的时气，大有"天寒翠袖薄，日暮倚修竹"的意态。而那纤嫩的玉笋，恰似了手如柔荑了。桃花逞笑，宛如红润粉面；银杏结成，又如惺忪星眸；樱桃初熟，那似点绛朱唇；青山倒影，如同画眉螺黛；

144

树林阴翳，禽鸟幽鸣，若闻环佩琮琮琤琤的细响。蓦然间，皓月腾辉，繁星射芒，这似所系的明珰宝珠吧？那这金光齐扑到湖面上来，而湖心的小金山的浮屠梵宇，映着这晶莹明澈的天空水底，则成了西天的瑶池琼宫了，这小金山又是江南名胜金山寺具体而微的幽境。寺内有高僧讲经，善男子，信女人，多有来听的。平山堂之厅事中，悬有不全的大屏条十数幅，拓《尚书》一篇，字颇遒劲。徐园院内，有古镬二座，铸满古篆，剥蚀难辨。此二物虽稍残缺，而古色古香，适合润饰这病态美瘦西湖的风雅了。当邗江富盛时，这湖虽名为瘦，而因相属的古迹名胜，装修顿饬，而愈证其病态足美的，所谓"带一分愁容更好"也。自邗江盐业衰歇，运使迁于海州，文士富商，两相灭影，斯湖未免荒废减色，那么，无乃太病了。

既罢此游，所得美感遥深，不禁太息今人有些学识，每含斗争的意向。唯美学最能默化人类于和亲善，犹如经解篇所说：温柔敦厚之教也。现在列强竞争，莫不有狰狞鬼怪之恶面具，互相残杀，违背天道的自然。国际和平，等于梦境呓语。世界倘欲消散此紧张空气，则各国教育，必积极提倡美学，修养人们的高尚旨趣，使其于大自然界中有深刻的认识。以美术代宗教之意义，或者就在此点。

（原载《人间世》一九三四年第七期，原题《瘦西湖追感》）

宣博熙：
瘦西湖的旧梦终究实现了

宣博熙（生卒年不详），江苏常州人。曾任《湖北青年》主编、《武汉日报》主笔。著有《奔流散记》《国际宣传战》等。

我们一行三人在江北公路上走着，向扬州城进发。

清弟走路老是赶不上我们，虽然大家都负着一个同样的行囊，可是毕竟他的年龄小。我和表弟走在前面，总很担心地回过头来向他望一望，有时我们索性等他走过去后再走。我和表弟在路旁的田里挖红萝卜吃，清弟因为走路赶不上我们，是没有停留下来的福气了。可是他走到前面将要看不见的地方，却又耐心地坐下来，这样看见我们站了起来他才重新走，不到一会儿又被我们赶上了。尽管他嘴里讲得响，叫我们只管走，但是我想他心里一定也很胆怯，甚至比我的担心还要厉害。

要不是鬼子践踏到乡土，像清弟一样十六岁的孩子，还不正是在学校里读书，在母亲前顽皮吗？可是战争已不容他把少年消磨在教室里了，他却也只有不顾风霜跟着我走上了远远的征途。我看着清弟背着行囊费劲地走在前面的背影，不禁有些凄怆起来，虽然我只比他大两岁。

江北公路上很热闹，在公路上看两旁田野村庐，像到了西北。横跨在淮河上面的万福桥，费五分钟时间才走得完，我没有见到过黄河铁桥，可是我踏上了万福桥已满意地觉得祖国的伟大。在桥栏俯视一下淮水，急湍澎湃，和扬子江一样的奔流。

扬州成了我们前进的目标，大家心里像存着一丝希望，这六朝金粉的江北大邑，它已在我脑海里做上了几年美丽的梦。虽然我也曾经读过郁达夫的《扬州旧梦寄语堂》，他写出了扬州的风景多使他的理想失望，达夫说，纵然是你找到了一个名胜古迹，也不过是一条泥径、半块断石而已（辞意大概如此，文句记不清楚了）。可是我想，只是一条泥径、半块断石才能越发引起人的怀古幽思呢！

"骑驴上扬州"，我看着公路上骑着驴子的人，戴着瓜皮帽闲适地在驴背上颠簸着，一个旖旎的扬州城又在我脑海里憧憬了上来。

在暮霭中老远就看见扬州城楼的雄伟了，当我们从东关进城已是满城灯火。我依照着手册上的地址去找一位不大亲热的亲戚，可是门役的说话竟使我失望，原来我的亲戚已于几天前下乡去了。我看着门役说话的神气和语调，早就揣测出是怎么一回事，因为我小时候听母亲讲过《珍珠塔》故事，所以也就很不在乎地脸一偏而去，当晚就打尖在一家小客栈里。

第二天，我们成了江北的流浪客。我看着扬州，也有了战时的景象。当我们踯躅在扬州街头的时候，无意间碰到了一个不认识的同乡，他说曾经在故乡某地集会的时候见过我，所以才冒昧地和我们谈起话来。我直率地告诉他我们正在彷徨中，他说愿意介绍我们到扬州××伤兵医院去服务，虽说没有待遇，膳食当无问题，于是我们就满意地答应了下来。

医院驻在扬州南门外的天宁寺，却是游瘦西湖的出发点，并且天宁寺也算其中游览节目之一，虽没有故乡的天宁寺那么雄伟，但是气势也有相当的轩敞。

瘦西湖的旧梦终究实现了。初冬的午后，晴朗得没有一丝风，我同着表弟和清弟沿湖溜达过去，湖幅起初很狭，渐渐向里走才显得开阔，不过开阔处也只像运河那样而已。瘦西湖的得名，恐怕就因为它是一条瘦长的弱水吧？

沿湖走去，岸旁有许多精致小巧的水阁，并且都标上了很清雅的名字，想来是热闹的时候给游人品茗的，可是现在却把门关上见不到一个人影了。许多风景中多半是人工砌成的，像绿杨邨前几个房子，骨干用水泥制成，屋顶却是用草铺。我想设计造这房子的人也许算是他的别出心裁，可是天地间哪有这样惬意的事呢？他想集今古中西之胜迹于一堂，可是叫旁人看来似乎有些勉强！

湖神有知，萧杀的空气中有三个年轻人来欣赏他的轮廓，湖边静得像午夜的卧室，我们坐在五亭桥上长啸一声，才知道树上还蜷缩着怕冷的小鸟。

古寺中传来了钟声，我们索性在湖边坐了下来。堤边的垂杨却很整齐，我爱她比任何瘦西湖的景致都好。每一岸分种着两列，站在一端望过去，像一条用柳树砌成的巷子。要是春天，我想一定有不少人到这里树荫底下来游憩的，可惜我们坐在这里正是严朔的初冬。我看看天上的白云，再望一望堤边的垂柳，设身一想，我是实现了瘦西湖的旧梦。

表弟和清弟在比赛着用小石子打湖上的浪花。

"绿杨城郭是扬州"，我记起了古诗人的旧句来。

一九三九年十月七日雨后在邵阳

（原载《奔流散记》，重庆商务印书馆一九四三年十二月出版，原题《瘦西湖的旧梦》）

舒新城：
瘦西湖是我们梦游的资料

舒新城（1893—1960），原名维周，湖南溆浦人，长期从事教育和出版工作，曾任教授、主编。著有《近代中国留学史》《近代中国教育史资料》。

民国二十二年十一月二十七日　星期五

因为楫君在镇江省中任职，我虽曾于九月二日亲送其去镇，十月返梓及本月返沪都曾在镇江停留过，但始终无暇浏览；对于隔江的扬州瘦西湖更是我们梦游的资料，而终于不曾将梦变成事实。本月十二日我由湘过镇返沪时即约定本月同去扬州一游；但初返沪时忙碌异常，本周方约定我今日午车去镇，当晚去扬州，翌日返镇，后日回沪。不料近数日阴雨连绵，好似遭天妒一般，楫君连日来函询问是否必去，我昨日复以决定以人力战胜天意，即使下雪也得去；并约她在车站等候。今晨起来，果然阴雨蒙蒙，但不顾一切，仍于九时快车起行，预备赶下午三时开扬的小火轮。孰意天不作美之外，又为人事所阻；即很少误点的快车，今日竟误两小时半，我到镇已是五时，楫君则已在凄风苦雨之中静候三时了。开扬州之末班船期已过，而雨则于我到镇后更似倾盆，当时无法去扬。不过我们的决心曾不稍挫，乃雇车去镇泰轮船码头万全楼寓居，便明晨乘头班轮船去扬州。住定后，冒雨出外晚餐，因为天气陡冷，衣服不够，便遂在洋货店购卫生衣一件。楫君并购橡皮套鞋及雨伞；归寓即将各物放在一起，且嘱咐侍者明早六时即叩门，以便盥洗毕即趋码头购票。

十一月二十八日　星期六

天未明，即闻侍者叩门声，且谓已六时矣；取表视之则只五时半。匆匆起身，叫面两碗为早点，六时半去码头，以每张一元六角之代价购房舱来回票两张。船七时半开行，十时半即到扬州。

船甚小，船客则有两百余人，盖本船之外尚有拖船两艘也。我们坐本船的房舱，五六尺见方的房间，坐着五位大人两个小孩，再加上一些行李，已无回旋余地。而其余的三个大人，都是吸烟的，以至满室的烟雾，有如重庆城上煤烟，几至对面不见人。三人中有一位生病，不可以风，窗也不能开，连两岸的风景也不能看。我们枯坐烟雾之中，唯有玩照相机和看在故乡所摄的照片。我此次特意带着自拍机，满拟在瘦西湖中拍几张双影，不料打开来看，则机中的弹簧不知什么时候断了。将全部拆开，终于无法修好，而三小时的烟雾生活却无形中过去了。

在船上曾询同行者以游瘦西湖的途径，他们知道我们在扬州只能停留四小时都觉得很奇怪。有位老者告我们，谓瘦西湖不过一湖污水，有什么可游；而且要雇船代步，要游也不是几个钟点所能游得了。不过他告我们以去瘦西湖的道路和胜景。

船靠定码头，我们即匆匆上岸，照着那位老者的指示，立即雇人力车去绿杨邨。途中经过些大街小巷，完全是内地的城市范畴，而朱漆马桶摆满许多街巷的角落，则不是一般内地城市所能见到。

我们对于扬州的风景可称"腹俭"之至，只从杜诗"二十四桥月明夜，玉人何处教吹箫"中知道有座二十四桥，此外则从同船的老者口中，知道入湖的起点为绿杨邨，终点为平山堂，途中要经过徐园、湖心寺、法海寺。我们预定赶下午三时的轮船返镇江（明日虽为星期日，但楣君学校有事，所以必须赶回），除去由轮船码头乘人力车来回要一小时，并须以半小时作预备时间，在瘦西湖来回只有三小时。所以车到天宁门外的绿杨邨便跳上游船。据同船的老者说，此时的船价不过四角，而且有很多的船娘，在那里操舟候客。可是时间太匆忙，我们既不能和船夫慢慢讲价钱，而且也无余暇去欣赏船娘的荡舟；我们唯一的条件是快，而要船荡得快，必得要船夫有气力，所以首先拣定一位年轻的船夫，跳上他的船，不等他开价，即告他愿出加倍的船钱八角，但必须于来回三小时游遍瘦西湖的上面几处地点。他也很知趣，一声不响地持着篙将船撑开，向狭长如沟的瘦西湖驶去。

绿杨邨在我们的理想中，以为一定是一处极美丽的村庄，可是

映月轩照相

经过该村，只见面对着湖少数饮食店掩着双扉在那里静着；除去偶然有三数小孩在门前游嬉外，不见其他的人物。杨柳看去不少，败枝虽然也有拂着饮食店的屋顶的，但现在已属冬初，所谓绿杨是看不见了。据船夫说，当春秋之际，湖中游人如织，大半都得在绿杨邨店家喝茶打尖，所以市面很盛；现在时届冬季，而且这几天又下雨，所以无人来游，饮食店也关门休息了。

出绿杨邨经过一座园林，船夫说是西园；再前行过一座孤桥名虹桥，始入瘦西湖的领域。过桥左岸为长堤，杨柳颇多，名长堤春柳，只惜我们不于"春"时来此，唯有从清水影中看其残枝为风拂动而想象其为绿杨耳。再前行便抵湖畔的徐园。我们依船夫之嘱，登园一遍。徐园为徐宝山的祠堂。园虽不大，但设计颇佳；花木楼台、假山奇石，很有与苏州留园者相似之处；陈设也很整洁。向湖的一面，有竹林一片，中有一亭，悬有"日暮倚修竹；隔浦望人家"的对联，颇雅致。徐园隔河对峙的是湖心寺，寺后有扬州有名的小金山，只惜时间太匆忙，便只在徐园水滨略为瞻望：只见一座古刹浮水上、一个小丘耸空中而已。再前进，经过一破庙，据云为法海寺，远望有一巨塔，船夫说是乾隆游江南时，盐商集资一夜造成的。究竟事实如何，我们无暇研究，更无暇登临。再进经过一座荒芜的庄子，据说是凫庄，盖其形似鸭子浮在水面也。与凫庄相近之处有一桥，上有小亭，据云是五亭桥，为扬州名桥，但亭将倾圮，我们只在船上略为瞻仰，不敢冒险登临。再前进转弯，便到所谓二十四桥。可是只是一座小桥，并无二十四座。所谓二十四桥者，当系指瘦西湖中所有之桥，而非指一桥也。再达湖之尽头处，有一座高数丈的山，有三个山峰。船夫说：右峰是司徒庙，中为平山堂，左为观音山。我们在中峰登岸，取表视之，尚只十二时半。我们来时曾在徐园及二十四桥登岸两次，且因观览风景四处摄影，慢慢荡漾，尚只费一时半，则回去一直前进，至多不过一小时。于是决定在该处流留半小时。

　　登岸循平铺石级而上，右有古刹，虽然船夫说刹中有"天下第五泉"，其水如何清香，但我们以不知刹中历史，恐匆匆一览，不过得些片断印象。而路左有很多古老参天的松柏，松涛壮美，最足以洗涤我们枯居城市的烦虑，于是决定不去刹中，而向松林中觅乱石静坐。一面回望瘦西湖的树影塔影，一面泛谈我们的生活往迹。下午一时，即上船直回绿杨邨，可是到岸时尚只一时三刻。今日的船夫颇有书生气，对于沿途风景既指示甚详，而态度又甚好，所以下船时，给以一元，并不向之索找头，彼亦不再要索，可称痛快。但预算尚有稍许剩余时间可以游览，虽然船夫说天宁门外有天宁寺，为扬州名刹，我们在常识上也知道此寺之名，楣君颇思雇车一游，我不同意。她谓我早知道你的"留有余地"的人生观；提议及此，不过和你开开玩笑，实际上今日的时间绝不容许我们不留余地的。于是将这十五分钟的剩余时间，走到码头附近的史阁部祠一转。史阁部者，史可法也。他的衣冠冢就在祠的正面，背后就是梅花岭。只见一位和尚在祠前闲坐，此时梅树无花无叶，只有若干枯枝在那里迎风招展，欢迎我们耳。出祠堂即雇车返轮船码头，仍半小时即到。

我们自早六时早点后，八九小时之间，只在轮船上合吃一碗蛋炒饭，到码头后，见岸上有小饮食店，有许多候船者在那里吃饭，引起我们饥饿之感。信步走入一家，告以将赶船返镇，有什么最快的菜备一两样给我们吃饭。堂倌谓船要三点半方开，尽可来得及。我们问船上，也如此说，于是命炒鸡蛋十只，三丝汤一碗，并令其即备饭。不料饭甫入口，汽笛一鸣，船即开行，以至我们要吐哺赶船都赶不上，但取表视之实只三时五分，始知上当。盖此间船之开行虽定有时间，但实际上是以客人多少为迟早的标准，并不严照规定的时间。幸有另一公司之船于三时半开行，只有另行购票。今日因时令与天气的关系，瘦西湖绝无其他游人，我俩三小时之游，可称占有全部湖山，而一顿饭则是此游的一个插曲。重购两张票，可算是湖山妒我们太闲情逸致，给予我们的惩罚。下午六时半到镇江，改寓城内三山旅馆，为楫君需去校近也。准备明午返沪。

如此匆匆游览，而能乘兴而来，尽兴而去，算是平生第一次。

（原载《漫游日记》，中华书局一九四五年十一月出版，

原题《瘦西湖里三小时》）

陆寄生：
瘦西湖一带是迎銮胜地

讲述人生平不详。

我从前读过一个朋友李君的一篇作品《绿杨邨里》，爱其文笔新颖绮丽，与时下流行的语体文不同，李君是有伟大抱负的新文学家。他的作品很多，令人读了都津津有余味。现在有志的青年，对于现社会是谁也不能满意，是无讳言的，尤其是李君怀抱里充满着愤慨不平之气，不免时复流露，致遭讳忌，出走海上。唉！锋芒太露，君子道消，这是多么可慨叹之事呢！我今天到这绿杨邨里，不觉憧憬着发生感慨了！

扬州居长江下游，古今胜地，很有历史上的关系。我在诗上常看见什么"二月明月"呀，"二十四桥头"呀，"烟花三月下扬州"呀，又是什么"春风十里扬州路，卷上珠帘总不如"呀，"腰缠十万贯，骑鹤上扬州"呀这些句子，可见扬州当时的繁华富丽了。史籍上载着隋朝杨广，因慕广陵山水的清幽、琼花的奇异，特为起民夫百万，开成一条千里的运河，到扬州游玩。虽然这条运河，大为后世之利，可是他的动机，不过供一人的游乐。况且当时专制政体之下，强征威逼，涂炭酷虐，花了无量数的金钱，弄得民不聊生。我记得陈叔宝有一首诗说得很好，今把它写在下面：

> 隋室开兹水，初心谋大赊。
> 一千里力役，百万民吁嗟！
> 水殿不复返，龙舟成小瑕。
> 莫言无后利，千古壮京华。

到了扬州之后，又造迷楼宫殿，穷奢极欲，昏乱荒淫，卒至生命不保，国祚沦亡。但是扬州却留下了许多古迹，以后历代因地势上关系，也常为要镇，清季乾嘉南巡，都到此大游特游。地方上的官绅因为迎銮接驾，不知消耗多少民财，把扬州装点成一个花天锦地。并且那时扬州是盐商荟萃之区，园囿之盛，享用之豪，乾隆自己也叹为不及，那么，可以想见当时的胜概了。可是到现在经了几次沧桑，所有名胜古迹，都荡然无存，只有瘦西湖还享着盛名。凡是作邗上之游的人们，都是要到这里领略领略湖光山色，我就是其中的一份子，这篇杂忆也就由此产出了。

绿杨邨是瘦西湖边的一所茗社，绿柳依依虹桥曲曲，竹轩茅亭，清雅绝俗。泛舟过大虹桥到此，是瘦西湖第一胜处。荡桨而前，两岸垂杨飘拂，有牌楼题着"长堤春柳"。柳下有老人，手持长竿，竿头着一小袋，向游客乞资。这是表现无聊文人的末路，也是畸形社会的特产物，令人感慨系之。再前为徐园，亭台掩映，花木扶疏，风景很是不差，是奉祀徐宝山的祠堂。徐的事迹，自有记载，我这里用不着说他。不过他的儿子是晋惠帝第二，拥了偌大财产，抽烟娶妾，嫖赌玩乐，乌烟瘴气，一塌糊涂，这是军阀子孙的惯例，不足怪异。但是我发生了一种回忆，很感叹的，记得幼时徐母曾向我母乞婚，幸我坚决地反对而打消。那时婚姻制度,尚在绝对专制之下，我的家庭又是专制中的专制者，绝没有自己插口的可能和干涉的余地。我那时冒此大不韪，人多以为厚颜，幸我还算有勇气，没有因此自怯，才不致堕入火阱，真侥幸啊！危险啊！但是我相信现在社会里还有不少专制婚姻——专卖式婚姻，像我这样的遗毒的存在，许多女子在火阱里挣扎，受着种种束缚桎梏，没有得到解放的途径呢！所以我很希望立法院从速颁布正确平等的婚姻法。及现在戴着妇女运动头衔的姐妹们，不要只顾自己"写情书""谈恋爱"，日不暇给地盲乐，使我们江苏的妇女运动只剩几块招牌，有名无实啊！

徐园对面是湖心律寺，内有小金山，不过一所寻常寺院。所谓小金山，也不过一座高阜，殊不觉名不副实。间有亭榭树木，也不足道，我也不耐烦去考究他了。

再前为胡庄（应为凫庄——编者注），与徐园、小金山三角对峙。内为法海寺，亭台花木尚佳。后院有一塔，不类寻常寺院所有者，上为尖顶，中间好像一个大坛子，下面方基，就是历来相传的一夜喇嘛塔了。现在倾圮不堪。《南巡记》载，乾隆南巡到此，对他臣下说：此处若有一塔，增色不少。当时专制君主哪怕放一个屁，臣下都奉为金科玉律、急急如律令的。这时乾隆说了这一句戏言，他那些随銮奉御、阿谀癣佞的奴才，登时忙得了不得，立刻聚议，雷厉风行，威逼办差的人们，连夜造成一座金碧辉煌的喇嘛塔。果然乾隆见了，龙颜大悦，赏赉有加，这岂不是天字第一号荣幸吗？唉，专制淫威，至于此极，真可叹啊！胡庄与湖心寺之间，有五亭桥，亦为风景之一，现残败零落，仅剩得桥址尚存了。再进数十武，林尽水源，二山相对，一为观音山，一为平山堂，乃名胜最著处。山坡曲曲，楼阁重重，照壁上镂"淮东第一胜景"（应为淮东第一观——编者注）"天下第五泉"字样。入内浏览一过，但觉亭台倾弃，草木荒芜，令人不胜萧索凄凉之感。其中聊语多话南巡迹，颇有佳者，可惜我走马看花，未暇记下。观音山亦大概如此，总不过荒山古寺而已。忆昔乾嘉时代，这瘦西湖一带是迎銮胜地，绮丽繁华，不可名状，所以有这瘦西湖的美名。曾几何时，沧桑变异，不堪回首忆当年，可以想见繁华一瞬，专制之威终不可久长。但是我想，山川名胜，自有保存的价值；况且现在废娼禁赌，废除地方上一切不正当的娱乐之后，自应从整理风景区，以备民众游乐，以调节工作的疲劳。这瘦西湖一水萦回，众山环绕，在春季呢，风袅柔丝，絮飞晴雪；夏季呢，红衣翠盖，香远益清；秋季呢，白云离合，明月往来；冬季呢，雪片银花，照耀网罟。真不负这"瘦西湖"三字，假使修理起来，确是很好的风景区、江北的名胜地。我希望当局者从速注意及之，我写到这里，又触着几个附带问题，今把他略略写些出来，作为余韵。

扬州从前的繁盛、现在的萧索，固然是时势的变迁，然而现在训政时期，地方自治积极进行之下，市政腐败，当局是难逃其责的。只就他现在人民的顽固腐化、道路的狭窄污浊和崎岖不平，除了少数繁盛街市有一两个警察在屋角站岗之外，其余的地方简直没有。所有地方上一切，都还保存十八世纪的古风（纯任自然），绝没有人管理，我在瘦西湖一带游了一天，也没看见半个警察的影子，我觉得很为怪异，不知别处县份是否如此，或者是我在都市里住惯了，不知各县的情形（所见不广，大惊小怪）。并且还有一个可以谅解的地方，就是堂堂省会，街道上尿池林立，臭气熏天。工业很繁盛的无锡市，粪坑夹道，行人掩鼻，这倒是扬州没有的。比较起来，还算差强人意呢。其余的一切，等我一处一处地观光了，再写吧。

（原载《道路月刊》第三十卷第二号，一九三五年出版，

原题《绿杨邨里的杂忆》）

赵君豪：

邗江古称繁华之薮

赵君豪（1900—1966），江苏兴化人。创办《旅行杂志》，著有《南游小记》《游尘琐记》《中国近代之报业》等。

邗江古称繁华之薮，胜迹名园，今俱湮没不彰。二十四桥头，梅花岭畔，徒留遗址，供过客之凭吊而已。余每过其地，辄以事羁，不得与所谓此邦人士接触，栗六（忙碌之意——编者注）沪渎，心为怃然。暑过重来海上，以家大人之命，在邗作信宿，翌晨，遂有徐园之游。

徐园者，为徐公宝山纪念之园也。曩闻其名，未曾悉其所在。家君豪兴勃勃，导余往游。维时骄阳乍敛，车不扬尘，途中林木蓊翳，晓气扑颜。既而过某绅所筑之别墅，白莲三亩，茆亭数座，清趣既饶，尘嚣自无，墅之守者甚少，仅有小犬吠客而已。无何，过长堤春柳亭，徐园已在望。右为瘦西湖，波光潋滟，蓼萍浮沉。既入门，见有"大河前横"四字之匾额，余为之一壮。入正厅，徐公像供其中，神采奕奕，不愧草泽之英雄。家君告余曰："徐公以盐贩起家，光复

162

时挺身而出，为江淮之保障，后以功高望重，为仇家所害，邦人德之，用建斯园，俾垂不朽！"有周光熊一联，甚佳，联曰：

公真一代人豪，为新河山草木增辉，瞻昔日弓刀，水殿空明式灵爽；

我愧此邦民牧，与诸父老湖天把酒，听夕阳箫鼓，画船来去说英雄。

出厅，穿假山，至西庑，内供物事至夥，名联佳句，美不胜收，陈君之联曰：

草泽起群雄，痛我公衣被江淮，万口碑中留恨史；

湖山增异彩，看昔日壶浆仕女，二分明月迓灵旗。

园中花草缤纷，地不大而布置甚幽。西有倚虹园，绿竹丛密，高可蔽天，以苍苔遍地，未能往观。既出园，见卢公石墓，颇为壮观。卢公曾遍游各国，散巨资，与家君议创办师范，至今江淮间之师范生，多有出自卢公门下者。归寓后，渡江看山，又仆仆于征途矣。

（原载《申报·自由谈》一九二〇年九月三十日，原题《徐园纪游》）

倚虹园旧匾

魏毓芝：
广陵城西有吉祥庵焉

魏毓芝（生卒年不详），名诗采，湖南衡阳人，寓居扬州。冶春诗社社员，广陵曲社社员。

广陵城西有吉祥庵焉。中植牡丹十数株，高与檐齐，枝叶繁茂，每届花时，游人如蚁，不减邓尉之探梅、龙华之观桃花也。

今年春，谷雨后三日，予驱车过访，嫣红姹紫，烂漫一庭，风动花枝，若点首迓予，如旧相识者。座中优婆夷，煮茗款予，就花前敞轩小坐，临风赏玩，清沁心脾，香气袭人，尘襟尽涤。庵中人告予曰："此花为洪杨乱前所植，当时佳种，有月宫白、小黄娇、粉好香等，均稀世之品，今所存者只魏紫、玉树春二种，以时计之，已百稔矣。雨露滋培，利灵呵护，故遗留一至于今也。"

夫庵名吉祥，不识是何取义，岂因花之富贵，而始有此称欤？抑岂因吉祥庵所植，而始有此百年富贵之花欤？今予幸而观此百年富贵之花，予愿数百年、数千年后，犹有来斯庵而赏斯花者，是真富贵吉祥之绵绵不绝，不独斯庵之幸，亦广陵之幸也。爰泚笔而为之记，留以示后之君子焉。

（原载《申报·自由谈》一九二四年四月二十六日，

原题《吉祥庵看牡丹记》）

方尔咸：
扬州亦有以小金山名者

方尔咸（1873—1927），字泽山，号无争，方尔谦之弟，江苏扬州人。幼年颖悟，誉为神童。赴京会试，结识梁启超、谭嗣同等人。后为扬州商界领袖。

中华二十余行省，其山水之秀者，以江浙为最。

江苏之镇江府，焦山外有金山，非假人为，乃真山也。而扬州亦有以小金山名者，相传非一日矣。其地踞城之西北，出广储门迤逦而行，约三数里，遥而望之，林木葱蔚，势颇幽秀。至其地，则一水横亘，需航乃济。航抵东岸，登岸则或西或北，面面可通。其中有厅有榭，所悬皆名人书画，宅后又有小山风亭等，不一而足。

山不甚高，颇得地势，故登者累累。亭在山上，亦不甚大，颇得地势，故登者累累。由南面入，翘首而望，西北均空阔；回顾东南，则绿杨城郭，俨然在目。余尤爱其朝东一面，有长廊数间，檐格轩敞，几席雅洁。廊前横栏一道，临流眺览，可一俯凭，水波不兴，清风徐来，诚佳境也。

秋冬游人略稀，当春渐众。至于夏，陆则男女错杂，络绎不绝；

水则画舫驶行，往来如织。区区结构，何令人景慕一致于此？不知地虽窄，大有天然之概；势甚僻，具呈秀绝之观焉。故来游者或非雅人，无论其暂至也，即久居其地，亦不能移易其志意，开拓其心胸。来游者而非俗士，即偶尔登临，于焉凭眺，与其方寸之天机，胸中之雅趣，有相感触于无穷者矣！

古之人及时行乐，本不择地而蹈，而况地非丑陋，一经寓目，为之扩充于心，亦何小之非大哉？爰为之记。

（原载《扬州晚报》二〇一三年一月二十六日，

原题《游小金山记》，据手稿）

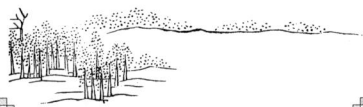

第三编

市井写真

章炳麟：

谨以玄酒　香奠烈士熊君之灵

章炳麟（1869—1936），号太炎，浙江余杭人，革命家、思想家、学者。主编《民报》《大共和日报》等。著有《国故论衡》《章太炎医论》《驳康有为论革命书》等。

民国二年二月二十三日，余杭章炳麟，谨以玄酒菜香奠烈士熊君之灵：

呜呼哀哉！君实徐伯荪之死友，而与炳麟干枝相维者也。伯荪诛恩铭于安庆，阴结军队，期会于朝，城门昼闭，援师阻遏，大义挫顿，遗之于君。逾年爰枹鼓而兴，夜麾重闉，内外障隔，卒不能成尺寸功，而军人光复之心自此起。君既挫衄，隐名奔窜，转侧日本关东之间，止宿吉林，丽于凶横。伪清宣统二年，正命吉林巴尔虎门外，群隶以是要赏者二十三人。逾年武昌兴，独夫避位，大物以更。又逾年，炳麟至自京师，芨舍长春，目治简书所寝之室，则君拘累时故处也。夫一兴一废，国家代有，君之倡义，以暴君在上，烝民失职，非欲事刃一人明矣。使君无死，将率义夫以奖大顺，虽与黎、黄二公鼎足而三可也。天禄不长，噬于豺虎，芳烈所播，不

171

熊成基

二十月，而大义举于江汉，终复旧物。君之神灵，其可以妥。独念谗人高张，久未枭除，其所以贼君者，不以临时对垒，顾诬为刺客，以媚贵宠。而又饫以珍膳，唊以甘言，禁锢告变之人，以自解说，使死者无怨声，而亲藩得以快意，斯可谓宗社党之造端也。昔浙江巡抚张曾扬，在官无愆，杀一秋瑾，而士民敌忾，后徙他官，所在见距，清廷虽爱曾扬，犹不能遣。今是凶人贪以败官，又造矫诬以摧义士，其罪视曾扬且什百，民国政建，而犹晏居东表，专镇一圻，斯实国家之耻。昭告君之神灵，凡今日与奠者，自奠之后，而不能本君革除之志，以锄贪邪，而敢有回旋容阅以为凶人地者，有如松花江。

呜呼哀哉！尚飨。

（原载《扬州文史资料》第六辑，一九八七年二月印行，

原题《熊成基哀辞》）

钱伟卿：
孙天生与徐宝山，可慨可叹

钱伟卿（生卒年不详），江苏扬州人，晚清秀才，经历辛亥革命。

吾扬于将要光复时，来一只身一人之孙天生，冒称沪上革命军派来者，光复扬州。风声一露，官即吓走了。地方人士信以为真了，驻军不动了。孙则头扎白洋绸，胸前悬炸弹二枚。手执一刀，骑在马上，由四五无赖之徒簇拥而行，招摇过市。其时地方已组成自卫团，各区团员借有高挑子灯笼，沿街站立，一若我们革命巨子来，不能不慎重防护了。

乃孙系一优伶，毫无政治思想，不先筹办地方重要之事，竟首开运署之库，任人抢劫一空，继则开县监纵放囚徒。仅办此二事，其他毫无举动。所幸事先办了自卫团，严密防守，于劫库劫监时未肇事端，否则地方秩序必要大乱了。随后徐宝山来，派人至泰州追获孙天生，把他正法。事后细查根底，系一唱花旦戏子，胸前二炸弹系黄泥团子二枚，当时就糊里糊涂，竟冒牌被他来光复扬州。回想起来真是可怪，也觉可叹。

但是，地方士绅不能听他胡搞胡闹，大家决定过江请徐宝山来扬组织军政府，由他召集旧部，未多时就成立两师，自称军统，主持军政。民政长由李石泉担任，办理民政事宜。他在湖北作宦多年，宦囊颇足，于回籍后在旧城开一元和当典，他看到平定后穷民太多，捐款接济，各区调查穷户多少，每月发米救济。李自称无使一夫失所，有此大愿，后被徐宝山责令筹饷发放，至再至三，无有已时，竭尽所有，囊橐全空。徐宝山犹逼迫不已，李自觉无力应付，不得已出于自杀，以不了了之。继其后者，为汪彝伯，系一寒素，办事认真，处理民政各事颇为适当，舆论莫不称颂。因其学识宏富，才具优长，故表现有足多矣。

至于徐之军部将领，大率出于盐枭居多。军纪不好者居其多数，少受教育亦是原因之一，故徐对于部下常以声色俱厉肆口漫骂以辱之。故终徐之世，未敢有越轨之行动，慑于威也。徐部队既多，饷需浩繁，虽在徐凝门外设关征税及地方税收等等，不敷发放，一有欠饷时有发生兵变之谣。其时，袁世凯派上海镇守使郑汝成来扬州，磋商裁兵节饷，徐竟抗不遵令，郑无结果而返。徐不但不裁兵，且向政府要饷，通电登诸报端，措辞严厉，全文多不记忆，约略想起几句，中有"存盐十余万包，虽饷缺未动一粒"等语，其措辞隐含要挟。袁见之当然不乐，即令郑汝成相机办理。闻得徐好骨董，访明艾大在上海住某旅馆悬牌收买古玩，即徐所派也。于是立派干探在艾之隔壁房间，与之为交。久之相熟，仿其笔迹，伪造一信。徐最爱美人记瓷瓶，即投其所好，物色一日人造一炸弹，盛于盒内，口有锁簧，钥匙投入即行发炸。派陆菊生持信且木盒前来，傍晚送于军统仓巷公馆传达收下，说军统不在家，明早可来拿回信，陆即掉头而去，赶回镇江，乘夜车而返。据我同学黄伯申说：我亦是浙江都督朱瑞派他为住沪密探，日前开秘密会议时有我在场，故知其内容。陆菊生因此事得酬金数万元，亦厚矣。讵料次早木盒一动，徐即炸毙。闻古人云玩物丧志，徐则丧命矣。生前杀人甚多，终也不得善其后。循环之理，昭昭不爽。徐死后，裁去一师，以伊弟任师长，安堵如常。徐如有智慧认识高，当郑来时，遵令而行，何致有此后果。可慨可叹！

（原载《扬州文化研究论丛》第七期，二〇一一年六月出版，

原题《扬州光复回忆录》）

陈含光：
闻炮声轰隆，自远渐迫

陈含光（1879—1957），名延韡，后改含光，江苏扬州人，诗书画称三绝。参与编修《清史稿》。著有《人外庐文集》《含光诗乙集》《含光骈体文稿》等。

前察寇必不向扬州，督儒料事，十有九违，竟不尔也。

十二日（即丁丑年冬月十二日，公历一九三七年十二月十四日）闻炮声轰隆，自远渐迫，日未及昳，已纷然入城。屏息塞门，兵过吾巷中，刀锋照天，革鞺震地。对门二丈许为典肆，竞入掳掠，汹若沸羹，兼闻枪声，骇人心魄。抵夜，乃百夫邪许，如水赴壑，橐载而归。明日甫晨，夷兵六七人，破门闯入，一酋笔问城中街里，其他则倾箱箧，翻枕席，搜隅奥，觇厕圊，阅两三时，乃各肩所掠而去。亦不甚武怒，但可憎耳！如是者日或一来，或三四来；来或一人，或六七人。抵岁除四十八日，凡五十余来。遍城中，户户如是。珠玉犀金，书画古物，衣裘衾籍，米盐什器，唯其所好及其所需，或甫掠出门，随手委弃，以为戏笑。其屋无居主，则并窗扉几榻，燎以供薪。亦有见一钩之金，数铢之币，私窃怀挟，赧其主人。大

177

国之风，固宜如是。后三日夜，于通衢纵火，仆家有台，登而望之，烟焰灼空，四面俱起，城之菁华于是尽矣！

陆梁既饱，乃家到户至，求索女人。丽华缢于井中，金姊伏于床下。苟俾一见，妍、嬎、老、幼罕获免者。耿姑虑患而仰药，顾氏举室而自沉。法兰西神父设为义舍，以纳逋亡，妇女数千人始获所赖。仆家人亦投其内，席秸席，餐淖糜，瑟缩蚁结于北风之中，以为犹升九天而赦十死也。

或有役事，拦街捉人，尝役四百夫至仙女镇，给缥令归。途遇他队，邀而杀之，免者三十而一。城内外遭杀者，别又数百。仙女镇炮轰，死者八百，都凡两千余人。或逢其怒，或遭其醉，或言语不相晓，或竟无故。衣冠士类，婴祸者少耳。独仆所契词人王叔涵，家已一空，仍旧逼索，叔涵故内愤，遽厉色斥之，因陨弹下。家兄七十衰惫，一醉兵刀试其颈，吓而戏焉，惊怖发病，十日而殁。此二事痛心疾首，刻骨刻肌。不同国，不及兵，礼家之言；仇无时与通，公羊之义也。上悲华厦，内恸友于，旁惨素友，痛当奈何！痛当奈何！苟生亦复何赖？

先是，尹石公怪仆不去，戏曰："恐君须作钱牧斋？"仆曰："仆恐为叶德辉！"及寇至，牒索在城士人，仆名在二，第一为陈懋森。遂阳病闭门，坚卧不应，虽微蹈背出血，亦几啮雪餐毡矣。二三人士及诸无赖，因缘国祸，求自显荣，所谓"自治会"者于是僭立。旗用敌旗，年用敌号，诚所不忍视，诚所不忍言！迄至今日，仆不钱不叶，犹在天壤间，岂必崩角虏庭而后可免耶？要其初心，乃不及此，不死不足幸，只益恨耳！

终日如蛹局茧中，不得外来消息。每观前史，于丧乱之际，所载信亦周详，要皆举其大端。至于凶顽之情，荡析之惨，委曲纤细，非身涉者不能知也。故报卿事状，兼以告存中夏不亡。

握手有日，珍卫！珍卫！

（原载《扬州文史资料》第五辑，一九八五年八月印行，

原题《芜城沦陷记》，据遗稿）

王钟麒：
饥民南下者均麇集于此

王钟麒（1880—1913），字毓仁，号无生，别署天僇生，安徽歙县人，寓居扬州，南社社员。担任《民呼报》等主笔，创办《独立周报》。著有《恨海鹃声谱》等。

前岁冬居海上，得友人函，言饥民状，予心怦然动，然未一见也。昨以事返扬州，扬州襟江带湖，饥民南下者均麇集于此。既登陆，晤友人，询扬近事，曰："饥民可悲也！"予心又怦然动。

翌日，以事往乡间，出城西南行。是日朔风怒号，扑而如割，遍野皆作白色。予方饱食醉酒，犹时时肌起栗。行不数武，见若老若小若妇若男，瑟缩遍官道旁，弥望而是，询之皆饥民。有司以圩居之，圩筑以土，圩内聚而处者，不知其几千万也。既入圩，则席棚趾相错，每一姓以一棚界之。有着单衣者，有并单衣无之，仅以破布被体者，匍匐僵处朔风中，瑟瑟战不已。每经一棚，无在无哭声。有男女老幼，相抱持哭者；有偃伏草上，拥破席僵卧，色如陈死人，唯胸腹间尚吸吸然者；有男女各坐，以背相承为衾褥者。哭声既遍，野人语举不得闻。有一人手持竹筐，不知从何许得残沈，杂红白，方欲自奉，旁坐者见之，则互抢攘。偶一不慎，筐倾于地，鸠形者咸奔集，手爪腻漆，鹰攫狼搏，残粒顷刻尽。时日光从棚隙下，咸匍匐骈踵，就襁日中，犹战栗不止。一妇哭甚哀，与之钱，受而哭不止。问之，曰："吾家都七人，吾翁死最早，吾姑死，吾夫又死。今昨两日，吾之长次两子又死，所存者，唯吾及一女，亦三数日内人耳。"予问曰："若曹胡不归乎？"曰："无家可归也。"曰："地方官不尝为冬赈局乎？"曰："人数过众，杯水车薪，无济于事。且所给者皆豆饼，豆饼者榨油之余粕也，食之不善，往往得疾死，死者日百数十也。"予闻之，心益动，涕縻縻堕，不忍再进，遂废然返。

无生生曰：吾以上所纪饥民之状如此，吾而今而后始知吾国人命之贱也。吾闻近岁，十八省无岁无患灾之区，而在上者卒不能实惠及民。嗟彼遗黎，何以堪此！虽曰天灾流行，世所恒有，而人事与有责焉。今日地方大吏，政府枢臣，方日披重裘，厌粱肉，拥艳妻，饮醇酒，于饥民之情形，非唯目不得见，抑亦耳不得闻。即闻矣，其不屑者淡然置之，其贤者虽日谋筹赈之法，而在下者方且以奉行故事掩饰耳目为得计，而彼不知也。吾闻文明国中，有一人横死者，其名必出现新闻纸数次；一有水潦，则政府必谋得万全之策而后已。而吾国乃如此，岂苍苍者厌我中国乎？吾思及此，吾直愿我同胞死尽杀尽，不复再生此世界以贻之痛也。虽然，今外势日益急，内忧日益深，碧眼黄须儿，方左持刀右握矛，以伺吾后，安知吾异日不死于饥、死于寒、死于水火、死于道路程，与饥民同也！又安知吾侪异日之情状，不尤惨于今日之饥民也！且安知今日之饥民，先我而死者，非得天之福，使不遭异日之祸也！

　　呜呼！吾念及此，吾心灰，吾意尽，吾方自哀之不暇，而又何暇哀饥民为！？

　　（原载《南社中的扬州人》，肖维琪、顾一平编，一九九一年七月印行，
原题《扬州饥民惨状记》）

张治中：
扬州十二圩我先后去了两次

张治中（1890—1969），原名本尧，后改名治中，字文白，安徽巢县人。黄埔系将领，国民革命军陆军上将，曾任湖南省主席。著有《张治中回忆录》。

流浪十二圩

扬州十二圩我先后去了两次，度着流浪生活。

在我考不取秀才又无力进文学堂之后，听说十二圩那里要办一个随营学堂，我带着一点希望，去投奔一个远房亲戚。这亲戚姓洪，是我祖母家的远房，我应喊他作表叔。他带着舢板船，当一名哨官，是保护盐务的武力。我初到他那里，因为是来投考随营学堂的，他对我态度还好，愿意帮忙，使我有成就。哪里知道，一等再等，这个学堂一直没有开办的消息。我越等越着急，越住越着急，而我的那位表叔呢，他看见随营学堂不开办了，我没希望了，就渐渐地对我冷淡起来。我吃的是"冷眼饭"，就是"冷眼饭"也常吃不饱。船泊在小河汊里，有时，我一个人坐在船头，芦苇上的一粒清露，辉映着我眼眶里的一滴泪珠。船主人有些不耐烦了，而我仍想再等一等，吞着眼泪再等最后的消息。

随营学堂终于没有开办，我终于听了亲戚的劝告回家了。这一个短短的时期所受的心灵上的痛苦，使我至今不忍回想，依人的无聊、寄食的苦况，实在难以形容。记得临走的时候，那位表叔给我开了一笔账，把原来给我的零钱和伙食费一起算足，另外凑上给我的回家旅费，总共是十三元，并且叫我写了一张借条以为凭据。这一张凭据，在我回到丰乐河的第二年，他就派人拿来向我父亲把欠账讨还了。

我第二次到十二圩，是在我"气走安庆"之后。我为什么"气走安庆"呢，跟在后面我就要说的。安庆是不可一朝居了，然而我离开了安庆，又到哪里去呢？又去干什么呢？我实在没有地方可去，没有事情可干。想来想去，还是到扬州十二圩去找那位远房亲戚，也许随营学堂会开办，看有没有机会进去。

好容易奔到十二圩，也没有事可做，随营学堂始终没有开。我看十二圩的情形，盐的气氛弥漫了一切。盐商是头等的巨富，而搞盐的工人却是劳苦而赤贫，他们有气力，还可惨淡地生活着。我是一个瘦弱的青年，被人们看不起的穷小子，天赋我的生存权利，我向何处去求，我没路可走了，但我仍要奋斗，我想：索性当兵吧！

我投到当地的盐防营，而这一个营里没正额可以补，只谋得了一名"备补兵"。待遇是极可怜的。首先是"住"的问题，名义上是住在营内，而实际上没有一定的铺位，遇着哪一个铺位有空，就补

184

十二圩旧貌

上去睡；如果没有空铺，就叫你睡不成。我记得：每天晚上，我总是抱着一床被，到处找地方睡，清早又抱起这床被离开这地方。

睡觉的问题虽艰苦，还不要自己贴钱。备补兵根本没有饷，不像正额兵每月有四两二钱银子。比睡觉更严重的一件事，就是吃饭。吃饭是要自己出钱的，叫作打"火食圈子"。我哪里去找钱呢？唯一的办法只有进当铺。十五里路外的仪征县城的"当铺"，是我这个穷备补兵的银行。为着维持食的需要，最初是当衣服，当其他零碎东西，后来当光了，没有东西可当，就当汗褂子。有两次，来回跑了二三十里，才当了四毛钱，维持那无情的"火食圈子"。

备补兵也有工作，就是，当正额兵有其他勤务离开了，就代替站岗或者是跟随正额兵上操。唯一的希望是正额兵出了缺，出了缺就有补上的机会，偏偏那些正额兵不大容易出缺。这样在盐防营里当一名备补兵，苦干了三个月，岁月蹉跎，始终补不到一名正额兵。我觉得这样下去，太不是办法了。我不能不离开十二圩了，想不到我的遭遇这样苦！

还有一个原因刺激我下决心离开盐防营，就是在备补兵期间，碰见一个班长，他是一个头目，一个流氓。不知怎样的，也不知什么时候开罪了他，他对我的态度特别的坏。有一天，他对我摆出一副可怕的狰狞的面孔，很凶恶的神气，威吓我，骂我（我不懂他说的一些什么话，但知道他是辱骂我），幸而没有殴打我。这是一个谜，我至今仍想不起那一个班长为什么这样对我。

我当时怀着很大的忧郁与恐怖。我想，那班长是流氓，流氓是不好惹的，动不动就"白刀子进，红刀子出"，我何必冒这个危险，被人歧视、欺负、侮辱，难道一个备补兵就是这样的奴隶地位吗？

我第二次离开了十二圩，"潮落夜江斜月里，两三星火是瓜洲"。瓜洲离十二圩不远，都在江北岸，瓜洲的诗景，变成当日的心情。我像一颗星影，一盏渔灯影，随着静静的江流，又飘荡到另一个地方去了。

扬州警察

不久，又到了扬州，就进了巡警教练所。所址在史公祠，对于我们这个伟大的民族英雄的史迹，我应该郑重地介绍一下。

可怜一代民族英雄史可法，忠骸混在死尸之中，因天气蒸热（扬州被清兵破城是四月二十五日），尸身腐烂，不能辨识，无法收殓。隔了一年，他的家人才将他生平所用的袍笏，葬在扬州城天宁门外的梅花岭。

出扬州天宁门有一座大庙，叫作天宁寺，寺东不远有一所破房子，褪了色的古木栏杆，这就是有名的史阁部祠——史公祠。史公祠的衣冠冢在祠内，梅花岭在祠后。

墓与祠向分两区，祠在西，墓在东，共由大门出入。入门有翠柏数株，昂然独立，与岭上的红梅遥相辉映，显示孤忠抗敌的精神。墓前杂植松柏梅花十数株。墓南有正厅三间，东有客厅五间、船厅七间、梅花仙馆一所，多已颓败。堂中悬有史公的画像，对联很多。

其中有："生有自来文信国；死而后已武乡侯。""数点梅花亡国泪；二分明月故臣心。"由墓西北隅园门入，有长廊一道，壁嵌石碑很多。还有一个碑亭，中置崇祯年铸的铁炮一尊，是当时史公守城的工具。由正厅折而西入祠，有飨堂三间，中设史公牌位，两旁附祀诸人。这些屋宇都很荒凉。长廊外，梅花多株，间有樱花。梅花岭在祠的后面，要由祠外绕道而去，只有清潭一泓、垂柳数枝、土阜半堆、破屋两间而已。当日史公点兵、放炮，就在这一座土阜之上。所谓梅花岭，传到后来，虽有疏落的寒梅数枝，但已无岭可登了。

虽然祠宇荒凉、颓败、冷落，而史可法爱国抗敌的精神和事业，永远是值得千秋万世的崇仰的。

巡警教练所一共不过几十名警察学生。有一个所长主持，其地位等于巡官。所谓教练，非常简单，就是教你当警察的规矩和知识。这样三个月完后，我补上了一名正式警察。正式警察的任务，还是站岗。不过与上次在安庆所站的岗不同：上次站的岗是人家的岗，这次的岗是自己的岗。好容易我才有一个正式的自己的岗位。

站岗也常常被轮在晚上。我带着一支旧式枪，突兀地站在盐运使署大门口。这种夜岗，在冬天不知不觉地使人发生凄凉的情绪。有时站得很疲倦，偶然把上身依靠着门墙上，忽然下意识地警觉这是犯规的，站岗是不能打盹的。于是身子一下就挺立起来了，告诉自己不能犯规矩，只好在大门口蹬蹬脚或是踱来踱去来取暖，来提一提精神。

当时一天只吃两餐，餐餐照例是黄豆芽汤一碗。吃得实在太厌了，有时我拿三五个制钱，买点咸萝卜下饭，这咸萝卜的风味是无穷的。

站岗不久，就调任勤务警察。好些同事羡慕我："啊！升官了。"真是升官了吗？不是的，不过是不站岗罢了。任务是外面来局"打官司"的，代为排解或报告上面；送贼来了，把他收下，拘留；登记户口，查户口跟着出去。专干这些日常事务和零星差遣，只是不站岗。一方面看来，从一个站岗警察调为一个勤务警察，算是幸运，确是从所谓优秀的警察中挑选上来的，而一按工作的实际，也不过是一个门房、一个传达罢了。

在这期间，我有下面两种表现：一个表现是我工作不忘求学，站岗不忘读书。我当站岗警察的时候，每天除站岗外，不是看报，就是读书。并且到处找书看，借书看，渐渐喜欢读新书。一天，忽然在街上看见一张"英算专修科夜班招生"的广告，我高兴极了，认为这是一个求学的机会，自己太没有科学基础。学习英文、算学是一件必需的事。于是就去报名，每晚上两小时课。算学是从加减乘除学起，英文是从 ABCD 学起，对我等于是"科学的启蒙"。我一面站岗，一面求学，大家觉得我有点"特别"之处。

捡字纸

还有一个表现，可说是我当时的一个特殊表现，一个精神上的嗜好，也成为被人注视的原因。这是什么呢？就是"捡字纸"。我们局里扫垃圾，每天一大堆，里面的字纸不少。我不懂得什么叫卫生，什么叫细菌，天天用两根小棍子，一个破篮子，从垃圾堆里捡字纸。捡完了，送到字纸炉去烧。为什么这样有恒地捡字纸呢？现在想起来，大概是由于以下两个意识：一是从前在私塾读书的时候，先生总是叫我们"敬惜字纸"，我受了这种教育的启示；一是我小时常常看见有人挑字纸担，认为是一种功德，一种好事，我受了这种工作的暗示，不知不觉地把捡字纸这一件事看作很重要，很正当。那时，好多人认为我是勤劳，称赞我做"功德"；但也有人拿我开心，把字纸扔在那里等我捡。一个伙夫就常和我开玩笑，对我说："字纸多了，还不去捡吗？"我只有报他一个微笑。我不管旁人的称赞和讥讽，总认为"捡字纸"是一件好事，自己应该去做。因之又想起幼年时代的一件事：在西峰庵私塾从张先生读书那一年，听人家讲起乌鱼是一种"孝鱼"，我就不但不吃乌鱼，而且常常买来放生，认为"放乌鱼"是一件好事。这一种心理，也许是根源于慈母的爱，也许是由于私塾中先生讲中国伦理故事所烙印的观念，这是和"捡字纸"一样的心理。

后来，勤务巡长不知是不是看我工作上有些什么不好，把我又调回站岗。我反觉态度怡然，因为勤务警察的工作太麻烦，太琐碎，太不自由，倒不如去站岗。只要站了岗，此外的时间可以任意支配，捡字纸、看书、上课，没有什么拘束。

这一时期的生活，总括起来是：学习英、算，看报，读杂书，捡字纸，站岗及警察职务上的杂事。此外有一个期待，就是希望陆军一类的学堂招考。我立定志向，预备学陆军，总想将来转到陆军方面去。于是到处通信打听，随时存着这一份希望，期待着。

（原载《张治中回忆录》，文史资料出版社一九八五年二月出版）

张恨水：
由仙女庙而邵伯镇

张恨水（1895—1967），原名张心远，安徽安庆人，小说家，鸳鸯蝴蝶派代表人物。著有《春明外史》《金粉世家》《啼笑因缘》等。

二十一岁，冬季，我又回到了故乡。这次我下了决心，不再流浪了，又在老书房里自修下去，而我写作的兴趣，却不因之减少，也就是上面那话，拿来解闷。这时写小说，我改了方向，专写文言中篇。两个月内，我写成了两个中篇，一篇是《未婚妻》，一篇是《紫玉成烟》。这两篇都是文言的。我写好之后，也没有介意，就随便放在书籍里。同时，我作了一篇笔记，叫《楼窗零草》。此外的工夫，我都消磨在作近体诗里。

二十二岁的春天，因为我族兄在上海吃官司，我受了本家之托，到上海去为他奔走一切。那时我到苏州去了一趟，遇到了李君磐先生。他有意带个剧团到南昌去，叫我和他到南昌为之先容（宣传介绍之意——编者注）。我利用了别人给我的川资，又流浪了几个月，一无所成。冬季还家。在这个时期里，我没有写什么东西，只写了一点不相干的游记而已。二十三岁的春天，友人郝耕仁，他看我穷愁潦倒，由他故乡石牌专门写信来约我一同出游。他是个老新闻记者，那时已三十岁了。他作得一手好古文，诗也不错，并能写魏碑，我们可说是文字至交。而他又赋性倜傥不羁，这点我们也说得来。于是我就应了他的约，在安庆会面，一同东下。

到了上海，郝君有两个朋友，要他到淮安去。但谋事的前途，并无把握。而郝君却是少年盛气，不顾那些。他在上海又借了点钱，尽其所有，全买了家庭常备药。我问他什么意思？他说要学学老残，一路卖药，一路买药，专走乡间小路，由淮河北上，入山东，达济南，再浪迹燕赵。我自然是少不更事，有他这样一个老大哥引路，还怕什么的，就依了他的主张，收拾了两小提箱药品，由镇江渡江，循大路北上。郝君少年中过秀才，又当过小公务员，入世的经验，自比我多。因之，我更不考虑前途的困巨。

一路行来，由仙女庙而邵伯镇。晚投旅店，郝君还是三块豆腐干、四两白酒，陶陶自乐。醉饱之余，踏月到运河堤上去，我们还临流赋诗呢。可是这晚来了个不幸的消息，前途有军事发生。店主人也是个斯文人出身，他看到我们不衫不履，情形尴尬，劝我们快回去。但是我们打算卖药作川资的，只有来的盘缠，却没去的路费，那怎么办呢？于是店主人介绍一家西药店，把我们的带的成药，打折扣收买了。而且风声越来越紧，店主把我们当了祸水，只催我们走。次日傍晚，我们就搭了一只运鸭的木船前往湖口，以便天亮由那里搭小轮去上海。在这段旅程中，我毕生不能忘记，木船上鸡鸭屎腥臭难闻，蚊虫如雨。躲入船头里，又闷得透不出气。半夜到了一个小镇，投入草棚饭店，里面像船上统舱，全是睡铺。铺上的被子，在煤油灯下，看到其脏如抹布，那还罢了，被上竟有膏药。还没坐下呢，身上就来了好几个跳蚤。我实在受不了，和郝君站在店门外过夜。但是郝君毫不在乎，天亮了，他还在镇市上小茶馆里喝茶，要了四两白酒、一碗煮干丝，在会过酒账之后，我们身上，共总只有几十枚铜元了。红日高升，小轮来到，郝君竟唱着谭派的《当铜卖马》，提了一个小包袱，含笑拉我上船。

　　这次旅行，我长了许多见识。而同时对郝君那乐天知命的态度，我极其钦佩。到了上海，我就写了一篇很沉痛而又幽默的长篇游记，叫《半途记》。可惜这篇稿子丢了，不然，倒是值得自己纪念的。在这次旅途中，我两人彼唱此和，作了不少诗。而和郝君的友谊，也更为加深。到了上海，我们在法租界住了几个月。我是靠郝君接济，郝君是靠朋友接济。我们在寓楼上，除了和朋友谈天，就是作诗。有时，我们也写点稿子，向报馆投了去。我们根本没打算要稿费，都是随时乱署名字，也没有留什么成绩。由此我已知道投稿入选，并非什么难事了。

（原载《写作生涯回忆》，人民文学出版社一九八二年六月出版）

洪为法：
春光总要归去的

洪为法（1899—1970），字式良，江苏扬州人，曾任创造社《洪水》半月刊编辑，后从事教育。著有小说集《长跪》、诗歌集《莲子集》、散文集《为法小品集》等。

惜余春

十几年前的事了。"惜余春"，这是一个多么典雅而又别致的名字，却给扬州教场北首一爿极小的茶社用着，总是一件够人注意的事呀。

茶社的里面，只有三五张桌子，也只有少数的老顾客每天在那里，极悠闲地看报、吟诗，或着棋。茶社的主人姓高，因为生理上的缺陷，人都称他高驼子。他听到倒也泰然，因为呼牛呼马，在他看来，是没有什么荣辱在这里面的。他一面管账，一面又偷闲参加到一些老顾客的群体中去看报、吟诗，或者着棋。据说他已集好了许多诗稿，还没有印出来问世，可是他却也有名句传诵于人口，如"光阴似墨磨俱短，时事如棋劫更多"，这不是很尖新的吗？

这惜余春里面的陈设，都是古色古香。墙壁上除去一些字画外，更有顾客们此唱彼和的诗稿，以及某某顾客征诗、征联，以及征求诗钟的小启。有时还张贴着征求的结果，以及奖品分配的办法。谈到奖品，也很典雅而又别致。可以第一名是茶一壶、面一碗，第二名是茶一壶、干丝一碗，第三名是茶一壶，第四名以下是信封几只、信纸几张。因此，这里风雅的气氛很是浓厚，那些着短衫肚里缺少黑墨水的人们，都像自惭形秽地不敢走进去了。

在这惜余春里也可以有饭菜吃，还不都极简单，只是炒肉、烧豆腐之类。主人会代顾客们打算得很周到，不可做得多，也不可做得过好，恐怕顾客们吃不了，并且花费太多。如是顾客们有什么特殊的烹调方法，也可以亲入庖厨，十足地表示他自己不是唯利是图的人，直似混迹朝市的大隐。

主人原籍是福建人，可是寄居在扬州却已经很多年。他的叔父，据说在前清末年，在扬州府署里做过房师。因为批阅文字喜欢用肥大的点子，于是便得到高大点子的绰号。后来家里也积聚了一些钱，并且由这位惜余春的主人高驼子，在教场开了一爿很大的面馆。这面馆叫"可可居"。韩愈《送李愿归盘谷序》上不是说过吗？"采于山，美可茹；钓于水，鲜可食"，这就是"可可居"取名的根据了。

高驼子开设了可可居以后，因为他家里原也是些笔耕的人，所以顾客中的文墨之士，每每受到特殊的优待，这该是惺惺相惜的意思。主人除了照料店务，就和这些文墨之士谈诗论文，倒很闲雅。可惜这些文墨之士，多不是富有的人，每日品茶吃面，大半记账。

日子久了，欠账多，现金少，主人终于因此现金周转不灵，没法再撑，便只有将可可居闭歇了。到了可可居闭歇以后，那些欠账的文墨之士，自然有些过意不去，可是如要为主人恢复原状，又似乎力有未逮，便大家凑了一些钱，由主人另外开设一爿小小的茶社，定名"惜余春"。对于过去的可可居，实也怀着无限依恋的意思哩。

由可可居变成惜余春，恰如从百花怒放的仲春，走向花事阑珊的春暮。余春虽可爱惜，可是春光总要归去的，这正象征惜余春的命运。在抗战以前，随着可可居（应为惜余春——编者注）又告闭歇了。唐人的诗歌里说："三月正当三十日，风光别我苦吟身。共君今夜不须睡，未到晓钟犹是春。"想来爱慕风雅的高驼子当惜余春闭歇时，会很容易地想念到这首诗，也有这诗中所表现的情怀吧！

陈家烧饼

凡是居住在扬州比较久的人，该都知道陈小四家的烧饼是很好吃的。这烧饼如蟹壳黄、徽州饼等等，不论甜咸，在战前有时竟会卖到一钱一只，可是生意却随着昂贵的价钱更兴隆起来。他的烧饼店开设在左卫街，这是扬州的金融区。那边的银行钱庄，每天吃点心，总会想到他家烧饼的。

陈小四家的烧饼虽好，可是陈小四的脾气却很大。向他买烧饼，就同到医院去挂号就诊一样，有先来后到，必须按照次序。你要争先，或是催促一下，他会很不客气地把钱退还给你："请你到别处去买吧！"他这戆直的举动，自然不会讨人喜欢，可是为了要吃他做的烧饼，也就只有服服帖帖随他的便了。

因为生意兴隆，他挣了很多的钱，便尽心竭力地培植自己的三个儿子。并且他还有一位很贤惠而又识得几个字的老婆。至于自己，勉强能够读报，又能喝得几杯酒。每天晚上，在他停止了工作以后，先是看看报，接着便是很安闲地喝着酒。他常是带着朦胧的醉眼，看看自己的贤妻佳儿，便做着美丽的好梦。他觉得自己每天做的烧饼，就同一方方的砖头一样，正在不断地铺着一条平坦的大道，终会送他到幸福的境地。在他想：现时的辛苦，还能换不到将来的快乐吗？可是三十年来，他这好梦却完全醒了。现在回想起来，这又是如何惨烈的一场噩梦呀！

噩梦的经过是这样：他的大儿子在小学里读完了以后，竟能托人介绍到电话局里去做练习生，又由练习生升到话务员。这是他到达幸福境地的第一座桥梁，当然很是喜欢。谁又料到，这大儿子竟会患肺结核死了呢！接着他那很贤惠而又识得几个字的老婆，又因肺结核的袭击永远地离开了他。这真给予他心灵上极大的创伤。可是他这极大的创伤，随着时间，也像渐次痊愈了。原来，他的二儿子由中学毕业以后升到大学，又由大学毕业以后做了中学教师。这中学教师的地位，谁都知道比他大儿子曾经做过的话务员要高得多。并且，他的三儿子也居然进了大学，还能自己挣扎着到日本去研究文学。这不是两座使他到达幸福境地更可靠的桥梁吗？

可是，陈小四就更没料到，他那在日本的三儿子又是患的肺结核，于抗战发生的前几年死在日本。这个噩耗，他的二儿子没有敢告诉他，怕他再受不住这种打击，不过却时时为着自己忧虑，忧虑这结核菌的魔鬼也会来袭击。接着抗战开始，战争的火焰很快地就燃烧到这扬州古城。他二儿子含着眼泪，随着千千万万的人们流亡到后方。总想有一天能带着胜利归来，好安慰多年受苦的老父，然后再告诉他早就死在日本的弟弟的噩耗。就因抗战的时期太长了，他二儿子竟没等到胜利的到来，忧虑变成了事实，也被结核菌的魔鬼所吞噬了。这么，就结束了陈小四美丽的好梦，显露出一场惨烈的噩梦了。

陈小四的二儿子和三儿子的死亡，到了胜利后的现在，陈小四该都已完全地清楚了。他在抗战前几年，因为二儿子已经做了中学教师，收入足以维持家庭生活，便也不再做烧饼，把那烧饼店让给别人去开，不过最近却又在原处做烧饼了。这和辍演已久的名角忽又下海一样，生意依旧会兴隆的，只是他却再没有什么美丽的好梦了。现在在他眼前的剩了寡媳和孙女，他又能有什么，或者说又敢有什么希望寄托在她们身上呢！他只为了幸而被结核菌的魔鬼所遗弃下来的几口，忙着维持生活的费用。他那手头做的烧饼，像已经化成砌造自己墓道的砖头了。他在生活的道路上，争斗了几十年，却被结核菌战败，并且败得很惨。他自己没有想到，喜欢吃他烧饼的人们也没想到。想来他现在做的烧饼该已有许多血泪点染在里面，可是谁又会尝到这异样的滋味呢！

桥畔诗人

扬州的瘦西湖，似乎不能和"浓妆淡抹总相宜"的杭州西湖相比，却也不必相比。在扬州的花局里陈列着若干盆景，多很小巧可爱，看来这瘦西湖就和那些盆景是一样的。在那些盆景中，有时会放置着几块玲珑的小石块，这自然是很雅致的点缀。在战前的瘦西湖，如其论到雅致而又饶有别趣的点缀，一些竹篱茅舍及疏疏落落的亭台，似乎都不够味，总该要数到那桥畔诗人了。

这桥是指北郭外的大虹桥。这桥畔诗人的姓名，知道的人就极少。瘦西湖的游客都称他是诗人。这位诗人，却不会写诗，只会诵诗。不过在一条蜿蜒的绿水里，两岸草木也青翠欲滴，还有各种秀媚的花儿在枝头或者草间开放着。这游湖必须经过的大虹桥，便横卧在绿水之上。就这桥畔的绿荫之下，会有一位白发苍然的老人，向着往来游湖的小船，吟诵着诗歌，这不是很雅致而又饶有别趣的点缀吗？称他是诗人，似乎也怪有意义的。

这位诗人手持着一根很长的竹竿，竿头还缀着一只小布袋。譬如说，有了游湖的小船经过他面前时，他一面吟诵着诗歌，一面将竹竿向小船前递去，小船上的人就会投几个铜子到那竿头的小布袋里去。原来他是以吟诵诗歌，代替了"老爷""太太"的呼号。许多游客对于他，都像乐于解囊。因为置身在这样的景色里，能添上一位老人在吟诵诗歌，怎不使人发生许多诗意，又增加许多游兴呢！

游客们似乎从来没注意过这些问题：这位诗人究竟识不识字？

他所吟的许多诗歌是谁个教给他的？他们只觉得这位诗人是很能适应环境的。他在春天，就吟诵着"故人西辞黄鹤楼，烟花三月下扬州。孤帆远影碧空尽，唯见长江天际流"这一类诗歌。在秋天，就吟诵着"青山隐隐水迢迢，秋尽江南草未凋。二十四桥明月夜，玉人何处教吹箫"这一类诗歌。并且他很幽默，对于一些游湖的少年，他会吟诵着"劝君莫惜金缕衣，劝君惜取少年时。花开堪折直须折，莫待无花空折枝"！对于一些游湖的妓女，他又会吟诵着"娉娉袅袅十三余，豆蔻梢头二月初。春风十里扬州路，卷上珠帘总不如"！

除了雨雪载途，每日的大虹桥畔，这位诗人都是曳长了声调，向游客们吟诵诗歌。因为还有节拍，便也可以动听了。往来的游客们，只要身边有零碎钱，总会给他一些，不愿使他失望的。并且给与不给，他并不斤斤计较，还是很和蔼地吟诵着诗歌，这倒使人有些过意不去。因此，游客们的船只行驶到将要靠近他，听得他吟诵的声音时，多会互相查问一下，谁有零碎的钱。如是船上有了小孩子，这小孩子必抢着把钱递到那小布袋里去。这时，他会笑容可掬地道声"谢谢"，逗引得孩子们咯咯地笑起来，或者还要他再添一首。这么，船只已是悠悠地前进了几丈远，还可听到他的余音袅袅哩。

这该是瘦西湖上唯一雅致而又饶有别趣的点缀。可惜在抗战的火焰还未燃烧起来时，这位诗人便死了。自从这位诗人死了以后，虽是湖山无恙，吟诵诗歌的声音却再也听不到了。旧日的游人，每当再来湖上，经过那大虹桥时，似乎都有说不出的惆怅。

弹琴老妪

"低眉信手续续弹,说尽心中无限事。"这是浔阳江头商妇的哀音。可是在这哀音中,只充满着离愁别恨,若论她那迟暮之感、沉沦之苦,比之瘦西湖上的弹琴老妪,似乎又有霄壤之别了。

这瘦西湖上的弹琴老妪,经常弹唱的地点是绿杨邨。许多老年的茶客都说,她在妙龄之时原来也是一位名妓。为什么没趁着时光还未夺去她的姿色时,寻个归宿,便是"老大嫁作商人妇"也不可能,老者们就又慨叹着说:"那时的她,真个太红了,总以为花可长好、月可长圆哩!"

她在绿杨邨卖唱的时期是很长的。最初的她,像还是老去徐娘。古典的服饰,配合着残存的风韵,很可令人怀想到过去绿杨城郭的繁华。因此,每天总还有不少的茶客花钱要她弹唱。她弹着月琴,唱着过时的歌曲,犹之子夜的鹃啼、深秋的蝉鸣,真够得听众们回肠荡气。可是时光又逼着她,将残存的风韵消逝了以后,要她弹唱的茶客,便也随着减少了。于是,她只有在许多茶客面前自动地弹唱起来。弹唱了一会以后,便又自动地向茶客们讨索几文。讨索不是易事,她不知受到人家几多白眼,也不知向人家陪了几多笑脸。再后来,茶客们对她的态度,似乎随着她的老丑更是变得恶劣,于是她在弹唱时,缩到一旁,几乎连脸也不敢向着茶客了,只想利用自己摧抑的歌声,引起别人一些悲悯的心情。

不过她虽是被许多茶客们所遗弃,可是其中一些年老的人对于她，像还留存着未经毁尽的旧情。这就是常有的事。到了夕阳越过了西边的山头，暮色苍茫，渐次笼罩了大地，她收拾了月琴，带着疲倦和失望的情态，将要离开绿杨邨的时候，会遇到一些老年的茶客，问问她卖唱的情形，更摇头代她惋叹，并且还会招呼茶房备一些点心送给她去吃。"这真谢谢某老爷了！"她说着，同时向老者飘来媚眼。老者也捻须微笑。这时弹琴老妪和那老者，都像回复到少年时代，又温理着青春之梦了。可惜这绮梦总是要醒的！今日的瘦西湖上，弹琴老妪和那些年老茶客，再也不见其踪影，该已抛撇湖山，长眠地下了！

富春茶社

在扬州要吃点心，总该不会忘却富春茶社的。这富春在扬州人看来，不但点心好、茶好，桌子也清洁。茶是用龙井、珠兰、魁针三种茶叶搀和起来的，龙井取其色，珠兰取其香，魁针取其味。如是一杯茶能色香味俱全，还不够人赞美吗？至于桌子，一般茶社里的都是油腻不堪，可是这在富春，却可使茶客们放心。洁白的衣袖即使久久压在桌上，也不会被玷污了。因为那里对于每张桌子，每天都要刮垢磨光的。

这富春里面一些房屋，在过去都有一定的名称，虽没用什么匾额之类标记明白，却为一般人所公认，如乡贤祠、大成殿、不了了斋等。乡贤祠，是一些年老的乡贤们聚会的地方，房屋比较矮，光线也就比较的差，别人多不愿进去。他们也不希望别人进去，因为那会扰乱了敲诗下棋风雅的氛围。大成殿，是因为有一位姓江的固定在那里品茶，在过去，他的父亲品学兼优，人们都称作圣人。圣人的儿子，无疑是小圣人，小圣人常坐的地方，就被称作大成殿。为什么不称作圣公府，似乎更为风趣确切，这就不知其所以了。至于不了了斋，那又因为过去曾有几位投闲置散的人们专在那里品茶。他们既无什么社会上的地位，生活方面也不怎样宽裕，对于一切事，都抱着"以不了了之"的态度，于是这地方就变成了不了了斋。此外有所谓教育局，那是教育界人士集中的地点。土地庙，那是面积太小，直和一座土地庙相仿佛。凡此等等，似乎都没有上述三处的定名饶有意趣。

可是这三处地方，近年以来都显然的异样了。乡贤祠里的乡贤们，逐渐地新陈代谢，并且也逐渐地稀少下去。那里的茶客，似乎换了一批厌嚣避烦的人们，只想借这比较黑暗一些的地方，遗忘了眼前熙来攘往的现实，早没有往昔的风雅了。至于大成殿和不了了斋，时移世变以后，都是诸色人等俱全。小圣人既糊口四方，不能常到大成殿，而投闲置散的一些茶客，堕混飘茵，也早已经升沉迥异，不能复行聚首于不了了斋。兼以茶社主人陈步云最近又不再负责，已将茶社的营业交给原来的茶役们合办，因此，便更少了一位满脸春风、殷勤招待的人物。这使得资格比较老些的茶客看去，总不免有沧桑之感。

不过富春茶社，原来也只是一所花局，变成茶社，仅是民国初年的事。在未变成茶社以前，不过一些老前辈们借在那里坐坐，所有茶具等等，都是他们自己备办的。他们每天在花丛中品茗、敲诗、着棋、绘画。需要什么点心，总是别处购买来。据说有时还在那里飞觞醉月。那时他们曾定名为"借团"，说来该是因为人数渐渐地多了，应付不便，这才由花局的小主人，也就是前面提起的陈步云正式地开起茶社来。而那些老前辈，一时便都退居到乡贤祠的里面去了。他们因为和这地方关系太深，有些方面就会受到优待。譬如说，清早去泡了一壶茶，可以留下一半茶叶，到午后再来泡，只算一壶茶钱，这就不是别人所能享受的权利。到了现在，老成凋谢，这种情形再也没有了。所以我们如再从过去的借团，说到现在的富春茶社，所谓沧桑之感，将会格外地增加其浓度哩。

诗　牌

李斗的《扬州画舫录》中所写的过去扬州景物，早和春梦一样消逝了。可是其中所提到的诗牌，在十五年前，笔者和任二北等人却曾借此以为公余唯一的消遣，也耗去不少的时光。

关于诗牌，在《画舫录》中是这样记载着：

> 诗牌以象牙为之，方半寸，每人分得数十字或百余字，凑集成诗，最难工妙。休园、筱园最盛。近共传者，张四科云："舟樯恐随风引去，楼台疑是气嘘成。"药根和尚云："雨窗

话鬼灯光暗，酒肆论仇剑忽鸣。"黄北诧云："流水莫非迁客意，夕阳都是美人魂。"汪容甫云："叶脱辞穷巷，莲衰扫半湖。"皆警句也。

那时任二北正在镇江主持省立镇中，笔者也就在那里工作。闲来谈到《画舫录》中的诗牌，很是感兴趣，便也决定制作一副来试试。可是如用象牙，我辈不是富有的盐商，断不可能。如改用竹子，既费事也不美观，结果便偷工减料，用那裱好来印名片的宣纸制作。并且不采方形，改成矩形，每张上写一个字，简直和普通人家耍的纸牌差不多了。

纸的诗牌制作好了以后，大家多不赞同"每人分得数十字或百余字，凑集成诗"的办法，以为过于呆板，缺少变化。反正叫作"牌"，不如参用打麻将的方法，倒还名副其实。于是便决定了新的牌律：一、全牌三百字，名词、动词、代词、副词、介词等俱备；二、同局至少二人，至多六人；三、起牌发牌，均依坐序；四、首家起十四叶，余均十三叶；五、全局同意，得和牌重起；六、得依序收他人所发之牌；七、三百叶外，另有白叶若干，每人得留一白叶，代替任何理想之字，若是得第二叶，必发出；八、成牌至少十字，至多十四字；九、成牌句法，三言、四言、五言、七言，长短句不拘；十、成牌之句，如同局之人多数不认者，应暂止成牌，继续原局；十一、一人成牌，余人得就所有，各自成句，依优劣次第录之。

牌律既决，牌字也得酌定。最初是由笔者选了一千余习见的字，经大家一再删减，剩了三百字。其中名词最多，动词、形容词次之，其他词类最少。经多次实验的结果，已足连用，也就不再增加。

自此以后，公余之暇，或留镇江在铁瓮城头，或返扬州在平山堂畔，多是一局诗牌。开始时大家手法不熟，联想不灵，发牌收牌，常会弄巧成拙，费时很多，后来才渐渐地快起来。大约不足一小时，就可完成一局了。每局成牌以后，当时都曾记录下来，也多有可以成诵的句子，如"烟笼柳丝遥添碧，雨卷江帆乱人楼""可怜一曲桃花扇，都是新亭旧泪痕""玉笛低歌闲对酒，夕阳红叶冷无声""离怀风乱叶，春半一帆遥""怜花怜别梦，风叶满空山""流水可怜碧，莺花又暮春"……

后来因为一·二八国难发生，大家便无雅兴耍此诗牌，并且不久以后，也就各怀苦闷，萍梗东西。只是二北在判离以后，还能压抑着离情，将诗牌的牌律、牌字，以及各局凑成诗句，汇成一册，油印分寄局中同人，定名为《叶局新语》。并且在卷首题一绝句："翻新叶子斗闲情，从此无聊却有名。最是局中新语好，夕阳红叶冷无声。"附有跋语："此集既就，苦无其名，因拟四字，并戏题一绝，无非当局之迷耳。唯叶局二字不典，并无旧稿，何曰新语，其生造可笑如此。"当时笔者也曾和了一首："可怜身世寄闲情，捻断吟髭浪博名。一自西风吹雨过，哀蝉落叶总无声。"过后，二北更再行编订，改称《丧志录》，和纸的诗牌一并铅印问世，这自然还是"当局之迷"。可是时移世变，至于今日，欲求再聚一地，耍尽诗牌，消遣世虑，又何从再得，这真是扬州续梦了！

船　娘

　　瘦西湖上的游船，以笔者记忆所及，似乎随着时代的演变愈缩愈小了。大的画舫，在从前是可以摆酒席的，主客以外，加上船夫、仆役和厨师不算，更有侑酒奏曲的粉白黛绿之辈。这么，画舫自然是要很大的，两舷有雕栏，上面有飞盖，里面还有许多陈设。这种画舫在现时已是见不到了。现时所能见到的比较要小得多，布置等等，也远不如前。并且就是这比较小的画舫，也像失去了青春，露出衰老的情态，早不受到游客的垂青，三五零星的几艘，却在静候着举家老幼一同出游的人们去光顾了。

　　近多年来湖上的船只，来来去去的多是极小的一种，俗称"小划子"。这小划子上面有清白的布篷，四面用铁条支撑着，里面放着几张藤躺椅，并且也有一张小木桌，可以放放茶具。如是只三四人合坐一船，是很舒服的。船身小，速度快，游湖时转动灵活，自会为一般人所爱好。

　　不过大的画舫，随着时代演进，归于淘汰，小划子应运而生，这固是瘦西湖上近多年来最显著的转变。可是以笔者的观察，战前与战后，却另有一种使人发生沧桑之感的，便是一些撑小划子的船娘也变了。战前的船娘在服装方面，似乎有一定的，多是黑色的绸裤、白色的布衫。这样的装束，衬映在绿沉沉的草木中，正是湖上不易见到的忘机鸥鹭，自很赏心悦目。并且多在妙龄，不少眉目清秀的，在"知好色则慕少艾"的情况下，她们在湖上撑船的生涯，不用说，

轻篙点水　摄于 1930 年代

会比其余村俗的船夫们要隆盛得多。加之她们撑船的技术又很好，拿着一枝竹篙，很灵活地撑去，不管多远，篙子一上一下，衣服上不会溅到水点子。那种灵活的身躯、娴熟的技巧，像音乐之有节拍一样。如是你躺在藤椅上带着鉴赏的心情看去，会不由得暗自赞美。

年轻的人们总是好动并且好胜的，见到船娘们善于撑船，也便欣然学习，会叫船娘们坐在船里，由他们去撑。船娘们看着他们，有时为了篙子拿不好，使得小划子在湖里回旋着，或者撑得欠缺技巧，拔起篙子把湖水溅得满身，会格格地笑成一团。在这边的柳荫中，在那边的芦苇旁，此起彼应的笑声，常是连缀成一串，然后慢慢地低微下去，终于沉没在湖风里。这真是湖上极美妙的点缀。可惜眉目娟秀的船娘，如今已不多见，服装方面，也没过去那么整洁，就连撑船的技巧，也似乎没过去那么娴熟了。这是战争带来的灾害，衰老的扬州，却再也经受不起这样的灾害哩！

寒　生

扬州居民，家里有了婚丧喜庆，前来讨乞的很多，这和各地是一样的。在这讨乞的群体中，占有特殊地位的，第一要数寒生，这便不是各地皆有了。这些寒生，以数目说，没有其他喊老爷、太太的人多。以资格说，又多是知识分子。更以服装说，尽管鞋袜不全，须髯甚长，总还穿上一件长衫。穿长衫，像无形地变成了寒生特有标志。至于多是知识分子，正好说明他们原也不是下贱之辈，却因行为不检，沦落至此。因此，其数目自然不多了。

他们之间，似乎有个无形组织。某家有喜事，某家有丧事，都调查得很清楚，并且彼此都能知道。有人说，他们和专管送账的所谓"传事禀"，以及临时替人家帮忙的所谓"帮价"互通声气，想来是不错的。他们到人家去，并非空手，总是带一份薄礼。主人对于这份礼物，能退必退，还得重重地送一笔"敬使"的钱。这一笔"敬使"的钱，不论多少，他们总得要争多嫌少，而对于一些暴发户以及门第不甚清白的，那就争得格外厉害。如果不遂所欲，他们会在门口大声疾呼，揭发主人不愿宣扬的隐私，借以要挟。结果，多由账房或帮价出来调停，加添几文了事。不过，总还是要取先予，比之空手讨乞自然高雅得多，因而寒生的地位，也就远在一般乞丐之上了。

寒生的家世过去都是很好的，他们的祖或父既做过官，也发过财。他们在幼年时，谁不锦衣玉食？有的捐过官，顶戴花翎，坐过绿呢大轿。有的远涉重洋，精通外语。更有的能诗善画，吐属风雅。可是他们却皆是瘾君子，先是鸦片，后是红丸，乃至白面，便使他们终日地滞留在吞云吐雾的世界中。到了一切财产变成了鸦片、红丸及白面被自己服用尽了以后，于是便老着脸改业寒生了。

做寒生要论家世，自然不会大量地多起来。他们因为过去门第很好，自有不少身价还好的亲故。因此，他们不但到那有婚丧喜庆的人家去变相地讨乞，还进出各茶社，向亲故们"告帮"。"老姻长！

小侄今天实在不能混了，请您老帮帮忙。""某哥！小弟请某哥的安，今天无论如何请帮帮忙！"这类话，在过去我们会时常从茶社里听到。说话的就是寒生，站在桌子一边。那些"老姻长"及"某哥"们被纠缠不清，结果唯有破费。就抗战以前说，对乞丐可以只给几个铜子，而对他们至少也得要给两角钱。等他们嫌少争多，计较多时，走了以后，老姻长们会摇头叹息："唉！不学好的东西，把他祖上的脸都丢尽了！"其实这班寒生们对于本身都没有好的打算，还念到什么祖上呢！只是有一点，他们的话说得很文雅，如"君子固穷""富贵于我如浮云"……这都是口头禅，借此使得别人知道他们确系书香门第。倘使他们的祖上有知，也可慰情聊胜无了！

王逋的《蚓庵琐语》上说："明万历中，天宁寺富僧物故，凡往吊者厚有赠赙，名曰程仪。同时乡绅钟姓者效之。有诸生丘某者，形体侏儒，人称之为丘的笃。与死者素不相识，利其赠金，备礼往吊，自后民家婚丧，必往贺吊，出俟于门，遣仆入促，甚至索添锱铢，往返数次。丘死而传其衣钵者皆故家子弟，潦倒无聊之徒，犹以斯文自居。至今此风不变。民间遇见此辈，辄称之为丘的笃云。昆山有丧虫，亦此类。"这里所谈的"丘的笃"，似乎比寒生要高雅些，因为他还能有个仆役跟随着。不过就是这些不甚高雅的寒生，在近十年来死去的已经很多，继起的素质逐渐低落。什么门第，什么知识，再也难谈，和一般的乞丐，看去已没有什么较大的距离了。

观音香市

　　扬州西北的平山堂是游览之区，靠近平山堂的观音山，便是进香拜佛之地。每年从农历六月初一开始，到十九日为止，例有香市。在这十几日之中，进香的善男信女特别多。山下沿河，大小游船，往来如织，多是香客们乘坐的。也有不乘船循着陆路走的，因此岸上的香客亦复熙来攘往。从山顶到山脚，两旁都搭着芦棚，或是卖香烛，或是卖玩具，又或是卖食品，既五光十色，也应有尽有。进香原是大人的事，小孩子却要随去看热闹，这正是捕捉机会。小孩子到了观音山，见到食品要吃，见到玩具要要，纠缠哭闹，终于使得大人不容不解囊破费，购买少许。因此，一般卖东西的人，便想出种种方法来逗引孩子，提高他们购买的欲念。

　　这香市在十五日以后最是热闹。十九日是观音圣诞，此日一过，山门关了，也就骤形冷落。现时想来，在过去香市期间最能令人回味的，盖有两事：第一事是十八日夜，北门和天宁门多是通夜不闭。进香的人们薄暮出城，一舟荡漾，慢慢地向观音山进发，进香以后，欲归便归，不归便留在舟中，向瘦西湖驶去，看看月夜的湖山。清歌一曲也好，赋诗几首也好，更或谑浪啸傲也好，到了翌晨，才在晓风残月中又复进城。此外亦有惨绿少年或斗方名士，趁此良宵，携带歌妓，群聚在观音山一带画舫中，檀板金樽，猜拳行令，尽情欢乐一夜的。画舫之中，燃着汽油灯，遥遥看去，像是一颗颗晶亮的行星，倒映在水里，闪闪烁烁，更像是一朵朵怒放的鲜花。

另一件是在香市时，许多青年学生在山脚下作露天讲演，竭力宣传破除迷信。尽管听者藐藐，却仍言者谆谆。这种情形，在五四运动时，尤其显得热烈。更有基督教的传教士也在山脚下散布福音，劝人不要相信泥塑木雕的偶像。因为他们是上帝的子孙，便希望一切人都是上帝的子孙。这对于观音山的寺院里和尚们，看似一种打击，可是香火还是很盛旺，因此他们对于反对者除了念几声"阿弥陀佛"，也就本着我佛慈悲的精神，宽大为怀了。

不过，这些香市在抗战以后便衰落下去。到了抗战胜利，正好恢复旧观，却又因萑苻不靖，山上又驻了军队，进香的人不能任意进出。和尚们也曾想请观音下山，在山脚下受善男信女的膜拜，终因环境特殊，无法挽回颓势了。倒是使得另外一处的观音，因此受到意外的供奉。原来五亭桥畔，有一座陈姓的私人别墅，名为凫庄。临河山石下，有一座白石观音，平时翠竹掩映，凡是游人舟过此地，多会发生诞登彼岸的玄想。自经乱离，凫庄的房屋，倒塌不堪，观音像也便不蔽风雨。不知谁个信徒，将观音移到邻近的莲性寺来，一时这白石观音大受善男信女的膜拜，香火鼎盛，远非留在凫庄时只是看着往来游客所可比了。有人说，各地观音大概也须信赖命运，想来观音山的观音在近十年中还是命途多舛哩。

茶　客

俗谓扬人喜爱"早上皮包水，晚上水包皮"。"皮包水"是指赴茶社吃茶，"水包皮"则指赴浴堂洗浴。实则喜爱"皮包水"者，未必即喜爱"水包皮"的。

喜爱"早上皮包水"者，多为年纪较老之茶客，不仅早间赴茶社，午后也多是去的。他们每天早间九时左右到茶社，会坐到十一时以后才离开。午后三时以后，便又到了茶社，直待暮色苍然，这才安步当车地施施归去。不计寒暑，亦不计晴雨，一年四季的光阴除了睡眠以外，几乎有一半是消磨在茶社里的。这类茶客，在过去是极多，近年来却也逐渐地减少。

他们多集中在极少的茶社里，如富春茶社，即其大本营之一，与其他茶客也显然有些不同之处。其他茶客虽亦各有其"物以类聚"之所，如钱业常聚于某茶社，米业常聚于某茶社，等等，可是都以谈行市、讲交易为其主要目的，吃茶不过是附带的行动。他们对于这些茶客是羞与为伍的。他们既无行市可言，更无交易可讲，只是谈谈风月，论论国事，又或评评诗文。谈谈风月，多还说的蕴藉，遂亦无伤大雅。论论国事，有时是感慨，有时也会愤慨。到愤慨时，便会旁若无人，掀髯拍案。茶社主人过去在时局每有突变之时，对于他们这种情态，生恐惹出是非，累了自家营业，会揭贴出"莫谈国事"的红纸条。这对于他们自然是一种警惕，因而在短期间中，也会由放言高论变为附耳过来。可是时间一长，便又故态复萌。虽是旁人敬老尊贤，多可相谅，而在茶社主人总是一件极苦恼的事。至于评评诗文，大多是同辈所作。譬如甲乙丙三人同桌，甲指乙对丙说："某翁！你读到他近作某文吧？"丙答："已经拜读过了，好极好极！此文在欧归之间！"丙说着点着头，乙则在一旁捻须微笑。于是甲又向丙说："某翁！我看不仅欧归之间，简直是韩欧之间！"甲说罢，不禁格格地狂笑起来。而此时的乙，则不觉略略抬起身子，向甲丙两人拱手说："不敢当！两位真是过奖小弟了！"类似这种谈话，是常会在他们中间发现的。有时因评评诗文，又会发生怀旧的情怀。又譬如甲乙二人谈到诗钟，都感到今不如昔，于是甲说："从前的那些诗钟，现在不易再见了，真是天丧斯文！"乙便接着说："某翁所论甚是，像从前某老作的诗钟'三更风雨蒙头卧，六代湖山把臂游'这两句嵌字格，嵌'三头六臂'四字，是如何的工稳，如何的爽利！现在的人哪里能做得出呢？"类似这种谈话，也常会在他们中间发现的。

他们是茶客，也是真正的茶客。因为茶吃得多，点心却吃得少。早间可以只吃三四枚包饺，午后可以只吃两三枚小烧饼。并且多是记账，各有户头，也各记各账，除是事前言明，谁都不会虚情假意，抢着做东道主人。这欠账要到三节才结算，到结算时还可暂不结清，留些尾款滚到下一节再算。所以吃茶一年，以战前说，最多不过百余元，所费无多，自能乐此不疲。

至于人色方面，其中有贵介公子，有倦游政客，有落拓名士，也有出身寒微，因有一技之长为大家所激赏，因而厕身其间的。但多是通晓翰墨之辈，因而臭味相投，自易同在另一个境地里做着与世无争，也可说睥睨一切的茶客了。

216

春　联

　　每到阴历新年，人家门上揭贴新写的春联，所谓桃符换旧，此各地皆然。可是关于春联的写作，在过去扬州，似乎特别重视。文墨之士，每喜自撰春联，或切地，或切时，又或发抒襟怀，多有佳作。如某姓家居大树巷，靠近如来柱。大树巷是娼家麇集之地，如来柱是因道旁有一刻了如来佛像之经幢得名。因而就在门上揭贴了这么一副春联：“门邻大树，眼底无花；住近如来，胸中有佛。”这是切贴地点的。又如民国初年，政府正提倡阳历年，而民间却仍热闹地度着阴历年，先严于度阴历年时，便也自撰一联揭于门口，联为：“得过且过；似年非年。”后来此联竟会普遍地被别人家使用着，却多不知作者是谁了。这是切贴时间的。更如吴召封先生，是一位负有盛名的廪生。民国成立以后，曾在过徐宝山幕中，也在过韩国钧幕中，于民国六七年时，却变成了汪都县署之助理，大才小用，默默无闻，自然牢骚满腹。在过年时，曾经写了一副春联贴在自己的办公室门口，联为：“爱莫能助；置之不理。”中嵌“助理”两字，并运用成语，极其熨帖。此是牢骚的发泄，也便是发抒襟怀的。

　　在过去的扬州，一年一度地总有若干可传的春联出现。因此，许多文人雅士每当元旦日，常会邀同三五知交，一面到各家去拜年，一面即鉴赏着各家的春联。彼此吟诵着、品评着，乃至哗笑舞蹈着，充分表现出头巾的风度，也充分表现出风雅的情怀。不过撰拟好的春联并非易事，再郑重其事地自家写好，或倩方家代为写好，也不

217

是人人可以做到。在昔老辈多，空闲多，其中擅长写作的也多，多视写作春联为一种赏心乐事，自然好办。到了时移世变，即不能再有这些人注意此事。于是门第好的人家，多压根儿不贴春联。寻常人家，因为换上春联比较新鲜些，会随便地写些几乎家家可用的联语，既无新意可寻，有时转觉俗恶，只使得一些测字先生或略解写字的人们，每年添了一笔代写春联的收入。

下面且附带谈及扬地前辈关于春联的两段遗闻。其一是笔者的先大外祖翰林臧宜孙先生，当其与举人江子云先生为比邻时，有一年江家春联是举人吉亮工先生写的。吉善草书，这副春联写得尤工。先大外祖于元旦往江家拜年时见到了，赞赏不置，即商之江先生，请其在当年除夕更换新联时，用水将旧联湿透，好好揭下，给他装潢起来。不想事隔一年，到了更换新联，江家已不复记忆，竟任凭家人将旧联刮去。先大外祖知道以后，为之懊丧万状，吉先生为此特写七绝一首以解之：

> 倜傥风流老翰林，品题一语重万金。
> 江郎洗却宜春帖，辜负东方曼倩心。

其二是包黎先生。他是丹徒秀才，博学能文，而行动却甚诡激。民国成立后，他因反对结党，于其帽上曾特别绣上"独立大自强"五字。所持手杖，并刻上两句愤世之语："行路且打狗，临流又钓鱼。"头上更留白发和黑发两处，各约银元大小，自号二毛。他说："这么，军人就不敢来骚扰了。"他于某年过年时，在门上仅贴红笺，不书联语。据说，这是仿明代苏州人习俗，留待文人雅士代书的。于是吴召封先生便代为写上"阴曹五殿；阳宅三间"一联。包见之，即自题一绝于其下：

> 阴曹五殿何经传，阳宅三间亦略差。
>
> 多谢到门挥翰者，书斋认作相公家。

于第二句下并加注"尚有两厢"，末题"主人包容戏作"。吴再见，复题一绝答之：

> 阴曹五殿是尔宗，阳宅三间亦略通。
>
> 难得主人多大度，转题佳句是包容。

于第二句下也加注"相差不过两厢"，这都是前辈风流，而春联在过去为扬州人之重视，也于此可见。

广陵花社

广陵花社开设的地点，在目下扬州的旧城八巷附近，开设的期间，在民国元年至四年。名为花社，实系茶社，可是比之现在的一般茶社，却显然有雅俗之不同。朝南的三间大厅房，题为"琴棋书画室"。从这题名去推想，对于那里茶客的成分，以及茶客们的动态，当不难了然。厅房前搭着敞棚，也是卖茶的处所。四周花木扶疏，看去亦小有园林之胜。东首有一排回廊，回廊尽处，便是一间朝南的"曲房"。主人严某，原不在谋利，而在于有管弦丝竹之胜。因此每到夕照衔山以后，华灯初上，曲房里便锣鼓喧闹，歌声嘹亮。此时一般茶客多已陆续离去，所留下的不是雅好高歌一曲的人们，便是些顾曲周郎了。

在此花社中，常为人所称道的有三人：一是唱昆曲的谢春江（应为谢莼江——编者注），二是吹笛子的王朗，三是弹琴的广霞。广霞是华大王庙的和尚，王朗是赞化宫的道士，至于谢春江，则是捐过候补盐大使，总算"读圣贤书"的人，真是儒、释、道合为一家了。

道士本多善奏丝竹，而王朗则以笛子著名。广霞虽是和尚，却不茹素，因此养得肠肥脑满，可是弹得一手好古琴，在扬州就更无人能及他。他那泠泠的琴声，如是你闭目凝听，真会令人消遣世虑，仿佛置身于另一个高洁的宇宙里，再也不会想到眼前弹琴的却是一个酒肉头陀。说到谢春江，据闻过去家境也还小康，却因雅好昆曲，不事生产，积日既久，也便渐渐拮据起来。可是他还乐此不疲。一位和他相识的人告诉笔者说：记得有这么一天，微雨霏霏，他正穿过碧萝春巷，向教场走去，忽然听到巷子里有一家正在教着雏妓学唱曲子，便停下不走了。他斜倚在人家门前，一面倾耳注听，一面用脚尖点着拍子。经过不少的时光以后，适巧有一旧友走过，见他痴痴停在那里，很是惊异，近前拍拍他肩头叫着"春翁"，这才使他觉察到自己停留已久，衣衫尽湿。他朋友调侃着说："春翁！你这行径，倒和《红楼梦》里的贾宝玉差不多了！"彼此不禁抚掌大笑。原来谢春江是个"曲迷"。

这花社开设的寿命，只短短的不足四年，便已闭歇。以上所说在花社中常为人称道的三位，便也风流云散，先后藏身于黄土垄中。无论"丝不如竹，竹不如肉"，而这三位在丝竹肉方面所表现的，总是再也不能听到了。即是仍有继起之人，更有何人能好事如严某，又开设广陵花社呢！

聚　聚

笔者于《茶客》一文中，曾道及过去扬州茶社中一些老茶客的情态。除了这一些茶客以外，当然还有很多虽非不计寒暑，亦不计晴雨的日必赴茶社，可是如有空闲，总乐于去消磨几小时的人们。以扬州习俗说，发请帖，延嘉宾，假座酒楼，觥筹交错，借以联欢话旧等等的并不怎么喜爱，却特别喜爱邀人茶聚，遇到多时未见之亲友，互道寒暄而后，固是互邀茶聚。这在扬州人说是"聚聚"，所谓"聚聚"，即是茶聚之意。"聚聚"的声音，在过去扬州，各色交际的场合中乃至街前巷口，是极易听到的。

聚聚，在扬人可说是极喜爱的一种酬酢方式，也是极普遍的一种酬酢方式。多属口约，罕写便条，更不谈具备正式请帖了。以手续论，既很简便，以费用论，也很俭省。并且这种聚聚，谁都没存

221

在着礼尚往来的心，也没将彼此作东道的次数多少时时盘算着，大概因为所费无多吧！并且这聚聚，在过去也真太使人乐意了。茶点请人吃了，可以暂不付钞，记在自家的账上。如是要喝酒并须另买酒肴之类，茶社代办，也可暂不付钞，一并记在账上。又如来时还乘了人力车，车资若干，茶社亦可遵命代付，同样地记在账上。所以约人聚聚，可以身边不带一文。这是因为谁喜爱到某茶社，谁便是某茶社的主顾。主顾有了账，便可招来生意。过去物价波动很小，茶社主人自也不在意现金交易。何况现金交易，多是过路人，或者不常到茶社的。古老的扬州，早失却过去繁华，茶社生意，不靠这班主顾又如何能兴隆呢？一切记账，正是给予主顾的一种便利，记账的茶客，也正是茶社主人衷心所欢迎的人。于是甲在某茶社账册上开了户头，和乙聚聚，到了算账时，茶房们可以仰体主人之意，绝对听从甲的吩咐，将第几册账册取来，由甲亲自记上那一天的欠款。乙即便取出钞票，抢夺着要会东，乃至于詈骂着茶房要会东，终是无效的。即以笔者说，虽出生在扬州，可是在外的时候多，过去每遇休假回里，便因会东不易，也多临时在一两处茶社里开户头。这么，彼此都可记账，谁的眼尖手快，拿到账册，谁便可作东道主人了。

此外，某茶社为某一类人所常聚之所。时常去去，会见到许多臭味相投的友朋，这是必然的结果。因而久未回里的人回里后，总必依类到茶社里走动走动，就在那里可以会到自家心想遇到的人，便再不须逐一登门拜访了。所以笔者过去上午回里时，下午必到茶社,下午回里时,翌晨必到茶社。在去时,茶房会告诉笔者,某也在此,某也已去,也会代为告诉别人,说笔者已归,笔者曾来。茶房肚里有本账,谁和谁是一群,谁的行踪须得告诉谁。这一去,比之登报启事要切用得多了。并且朋友们既是聚在那里,和张谈谈,又和李谈谈,人多话多,左右逢源,这较逐一拜访不将更"嘤求"之乐!

不过上午聚聚和下午聚聚,意味却有些不同之处。上午的茶社,因为往来人多,总不免嘈杂,下午即比较清闲。因而上午侧重在吃点心,下午却侧重在喁喁闲话了。

风　筝

《扬州画舫录》上说:"风筝盛于清明,其声在弓,其力在尾;大者方丈,尾长有至二三丈者。式多长方,呼为板门。余以螃蟹、蜈蚣、蜻蜓、蝴蝶、福字、寿字为多,次之陈妙常、僧尼会、老驼少、楚霸王及欢天喜地、天下太平之属,巧极人工。晚或系灯于尾,多至连三连五。"证以笔者幼年所见,便多相异之处。说到"风筝盛于清明",从来如此,亦各地皆然。若"其声在弓",则应视风筝之大小,过小者是没有弓的,自也无声可闻。较大者用蒲弓,再大者用藤弓,最大者用竹弓。都是将蒲、藤和竹子,刮削得极薄,以当弓弦。至于"其力在尾",并非所有风筝一概如此。如蜈蚣(扬人称为"百脚"),便不论大小均属无尾,其他精制之风筝中如螃蟹、蜻蜓、蝴蝶等也都无尾。尾又有独尾、二尾及三尾之别。小型风筝所用之尾,只是细瘦钱串，大型者即须用较粗之绳索。其所谓"式多长方，呼为板门"，板门是指大者，小者则呼为面筋泡。面筋泡之制法极简，售价极廉，小儿所放之风筝，多属此种。

风筝之形式，略可分为大小两型，小型中除面筋泡外，多属精品。所谓"巧极人工"倒也名实相符，售价均不贱，尤以小百脚为最贵。因为小百脚之好歹，不仅在于扎得漂亮与否，还要注意到全体是否匀称。如稍不匀称，放至天空，便将不断翻身，终于又堕落尘埃。这风筝翻身，在扬人谓之"打招"。小百脚连头尾约在十数节，要能放到天空夭矫地动着，却不打招下堕，才是精品。此外螃蟹、蜻蜓、蝴蝶、老鹰及美人等，都属小型一类，且多系精制品。一般小儿放此类风筝者极少，因而就变为有钱的世家子弟及惨绿少年们之专有品。

大型者除板门外，更有六角、八角、九连灯、大百脚等。小型风筝可用棉线式丝线放，而这种大型者便非用麻制之绳索不可，且非一两人所能管制得好。放这类风筝者，均系大人，且多为好勇斗狠的下层人物。放至天空以后，他们将绳索拴在树上，便三五成群地聚在一旁谈笑着，鉴赏着。较小的风筝，如或碰到他们绳索上去，总是被缠搅着难于分开，终即变成他们的大风筝之附庸小国，在旁边飘荡着了。他们是胜利者，一时会鼓掌哗笑，而失败者便只有懊丧不已。尤其是小儿们，时常为此噙着眼泪，痴痴地仰望好久以后，才三步两回头地离去。偶或遇到双方实力差不多，便会揎袖攘臂，始则对骂，继则互殴了。

这许多大型风筝，除了弓外，更带有铃子或哨子。弓声宏放，铃声嘹亮，哨声清越，一时交响天空，颇可悦耳。至晚多不复收下，且在绳索上添挂若干红灯。《画舫录》上所谓"系灯于尾"，是李斗误记，还是今昔有异样，便不可得知。

在昔放大型风筝的地点，除了城外，城内旧城是大汪边，新城是康山。自从康山民房渐多，空地日少，大汪边砌了学校，城内便不易更觅到适当的地点。兼以扬州一天天没落下去，以经济论、以情绪论，也都不容许天空中的大型风筝多了起来。从前的扬州，在烟花三月，可以竟日听到天空中风筝的响声，夜晚还可见到许多红灯。现在却只感到天空的寂寞衬映着扬州的衰老。

此外须得附带说及的，大百脚在过去以广储门外梅家庄制作的最为精良。庄上人在农忙之暇就制作百脚，有长至百节以上的。每至春来，在庄前树上，总是拴着两三条正是放在天空的大百脚。买的人可以实地选择，觉得哪一条稳健就指定哪一条论价。

末了，《画舫录》上又说："近日新制洋灯，取象风筝而不用线。其法用棉纸无瑕穴者，长尺四寸，阔尺二寸，搓之灭性。缀其端如毂，削竹篾作环如纸大，以纸附之；中交午系两铜丝，交处置极薄铜片，周围上乔作墙，中铺苎麻。麻用膏粱酒浸熟者，上铺黄白腊、硫磺、潮脑、狼粪，以火燃之，令有力者四人持其纸之向上无篾环者，爇药而升，不纵自上，大如经星，终夜乃落。"这在笔者幼年还有时见之，近年来非但不复再见，且无人谈及此物了。

惜余春续记

笔者前记惜余春，实仅一个轮廓，余事可记者尚多。

高驼子，名乃超，先创可可居，亏蚀后方缩小为惜余春。在可可居时代，又可分先后两个阶段。先在教场南头，今春园附近，后移教场中段，今月明轩地址。先不甚大，后则美轮美奂，到了惜余春时代，便觉寒相毕露。先大外祖曾有诗云："半间矮屋（一作两间酒店）且容身，除却驼翁俗了人。写上青帘太凄绝，销魂三字惜余春。"可谓感慨系之。不过当可可居时代，驼翁却在"维扬细点"方面留下了不可磨灭的伟绩。在昔扬州点心，均用大笼，至可可居，才改用小笼。垫笼昔用松毛，可可居又改用白布。虽然近来依旧用松毛的多，取其有清香，可是用白布垫笼，却为驼翁所创始。不但此也，所谓千层油糕及翡翠稍麦（稍麦亦名鬼蓬头，见《扬州画舫录》。近时茶社里写成"烧卖"，实误）也是他所发明。千层油糕，各地扬州点心店都以此号召顾客，因其为他地所无。至于翡翠稍麦，即菜稍麦，是甜的，与咸的米稍麦相比，别是一般滋味。吃扬州点心者，如只知千层油糕，而不知翡翠稍麦，就口福上说，总是一件遗憾的事。

驼翁在开设可可居时代，面点生意盛极一时，到了惜余春时代，就不能再卖面点。开始还自制一些卤菜及酱豆等卖卖，后来该是因为资本愈过愈少，连卤菜、酱豆也不能再卖，这才卖卖炒肉丝、烧豆腐之类。他的心地特别纯良，顾客要记账，总是不好意思拒绝。后来因了资金短绌，也会迟疑一下，可是顾客如谈到"你怕我不还钱吗？"便更不好意思拒绝。欠账既愈记愈多，现金自愈用愈少，亏蚀遂为必然的结果。那些在可可居及惜余春记账的落拓文人，过后也有环境好转起来的，却依然不想还账，并且也不再到惜余春去了。当驼翁在街上遇见这些人时，必是远远地掉转头去。有人问其原因，他说："免得人家顶面见到我难为情。"

在可可居及惜余春的老茶客中，虽有若干人只知记账，不想还账，辜负了心地纯良的主人，可是另有一位使主人感奋之人，那便是追随多年的伙计胡三。当主人闭歇了可可居时，别人都作各奔东西的打算，而胡三却回乡卖掉自己仅有的几亩田，为主人增加资金。他说："我的主人为了好客，亏蚀了资金，我也为了好客的主人，卖却自家的田地。"

先大外祖谓"除却驼翁俗了人"，驼翁之不俗，就在浅于名利，同时还能自得其乐，不以自家处境日渐艰苦为意。他能一面在柜台里面拣着蔬菜，一面低声吟哦着，还不时和顾客们很幽默地斗趣。下面所说，便是一例。友人汪二丘，善弈棋，当时亦是惜余春的主顾之一。他家住十三湾，因自号"十三湾里人"。另有郭某住城外二十四桥，号"二十四桥头客"。一日，汪君刚要离开惜余春门，郭某恰好来了，正在柜台里的驼翁高呼汪君留步，笑谓："适得一联请教。"汪君问联语，驼翁说："眼前事不正是一副极佳的对联？'十三湾里人才去；二十四桥头客又来。'"一时汪君与郭某均不禁抚掌。原来驼翁已使自家的生活趣味化，可以在艰苦的境地中依然能觅到趣味，于是也就乐在其中。惜余春柜台上的站牌上是吉亮工写的"人生行乐"四字，想来驼翁是很能体会到"人生行乐"之意的。

惜余春三记

惜余春情形，除前记外，当时座上客中，不少特有风趣者，亦不可不记：

一、薛万岁，乃是一位老秀才。每日晚间，必烧酒四两，喝得醺然大醉。醉后便哼着京戏中道白："皇帝万万岁，小的天天醉。"人因呼为万岁。

二、刘大令，此人确曾做过大令。可是性情暴躁，既逐其子，复遣其妾，便独自过活。每日三餐，几乎都在惜余春，且任意饮啖，一餐即费一元左右，俱是现金交易，断不记账。并因家中无人，所有存款及收租的经折，一概卷在马蹄袖中。

三、金三花子，彼之家境很好，但所穿衣服却极破烂。家人偶或为其添制新衣，即随时当去卖去，自称是花子命。以其行三，故有三花子之称。

四、汪大头，雅善唱戏，同辈如饷以香烟一支，即可唱大曲一支。自命是"汪桂芬派"，人因呼为大头。亦善诗歌，惜有阿芙蓉癖，穷困至于时时挨饿。其长衫只是搭在左臂上，不肯穿起。问其原因，则谓："我的长衫是擦酥的，一碰就散了！"

五、蒋门神，是一位医生。平生并不善棋，但当他人着棋时，则必信口插嘴。着棋者如加以制止，便更起劲，一时以手作势，乱指盘上。人家即报以恶声，亦不生气，依旧插嘴。因其身材很高，人因呼为门神。

六、王老太，已七十余岁，脸上却极红润，或谓其面似桃花。她说："四字不类近体诗句！"人因添上"王老太"成七言一句。性喜与人打闹，并常用旱烟袋烫人。人因其老，不便还手，即格格作鸳鸯笑，宛如小儿。

七、呆子，业医又兼教馆。家住二十四桥，自号"二十四桥头客"。每日午后三时入城，十时出城。如遇城门关闭，便整夜坐在惜余春。因其好淌口水，人多呼为呆子。或更作一联赠之："二十四桥头，吟诗作对；十九阿鼻，教馆行医。"

八、短张，此人是一秀才，因身材矮小，群呼"短张"。特好用假典欺人，人或问其出处，便笑谓："何必认真！"

九、南斗北斗，王、瞿二人，均六十余岁，常对坐在柜台外一张桌子上，却彼此不交一语。瞿性诙谐，人称南斗；王性肉头，人称北斗。

此外得附带说及者，惜余春座上客也曾组织一同乐会。参与者必须起一别名，并须名姓相关。如先大外祖臧宜孙先生改名臧获，此外吉亮工先生改名吉利，宣古愚先生改名宣布，孔小山先生改名孔方，谭亦伟先生改名谭闲，季先生金萍改名金钱，即连主人驼翁也改名高兴了。

翠　园

幼年嬉游之地，到了伤于哀乐的中年，总会时时在念。偶或还乡复经其地，见到景物全非，更易于发生沧桑之感。在昔扬州旧城七巷的倒城旁，原是一片的荒烟蔓草。到了前清宣统末年，曾有人在那里建筑房屋，创设大同戏馆，一时也还锣鼓喧阗，仕女杂沓。可是为时极短，即遇光复，戏馆也便闭歇。房屋为风雨所侵袭，时日既久，便觉颓败不堪。隔了好几年以后，才为一些人集资购去，围以短墙，栽种了许多树木，并略建亭台，衬以假山，名为翠园（应为萃园——编者注）。其时新城仓巷岭南会馆邻近，有一盐商休息的处所，名为小花园。在这小花园中，每天都有人宴集。在宴集时征歌选色，珠围翠绕，真个是销魂之地。翠园之成，似乎很受了小花园的影响。不过小花园一直到闭歇，始终是盐商的俱乐部，而翠园却曾开放卖茶，所卖点心，以盒子酥最好。因为地方相当大，房屋不多，兼以花木扶疏，颇令人生城市山林之感。靠近翠园有一板桥通柳巷，此桥因即名为翠园桥。可是扬州旧城茶社，生意总不会怎样发达，因而翠园开放卖茶，不久以后，也就步戏馆后尘而闭歇了。

翠园闭歇以后，也曾有一度租给扬州盐务稽核所里日本派来监督的人高洲。因为高洲有包车，往来于小板桥感到不便，就改为砖桥。到了稽核所另建新屋，高洲又离扬，于是翠园又变成极冷落的地点。在翠园未有以前，曾与小友在那里放风筝。翠园开放卖茶以后，也曾随着家长去吃茶。及至高洲寄住其中，门虽设而常关，偶经其地，便只好从短墙外眺望着里面婆娑的树木、疏落的亭台。

谁知这翠园在沦陷期间又换了主人，一时土木大兴，竟将翠园改建得极为华丽，变成一座私人花园。因为新主人是熊氏育衡，翠园既改为衡园，连翠园桥也就有人勒石桥上，改为衡园桥。到了胜利以后，衡园一再为军事机关借用着，据说将来要改为县参议会，大约衡园即当变为历史上的名词。至于衡园桥，最近又恢复原名翠园桥，可是翠园已没有了。翠园的一切景色，只是给一班中年人留下一段回忆而已。

据说，翠园改为衡园时，园中曾有两株极名贵的牡丹，一红一白，每开花必数百朵，干有碗粗，是数百年物，原栽在东关街陈某花园中，后为熊氏移来。熊氏离扬后，此两株硕大无朋的牡丹也不知何在。荣枯存殁，莫能得其消息，或者和翠园遭遇到同样的摧残了。

绿杨邨

扬州城外的茶社与游客能发生亲密关系者，如绿杨邨、香影廊、庆升、冶春，都在北郭的吊桥两侧。以过去情形论，青年人及妇女们多喜欢到绿杨邨去，而老年人便乐于留在香影廊，该是因为香影廊的历史悠久、命名典雅，易于使彼等发抒怀古的幽情之故。

王渔洋的《浣溪沙·红桥怀古》词有云："北郭清溪一带流，红桥风物眼中秋，绿杨城郭是扬州。"像是绿杨乃扬州特有的标志。扬州既称为绿杨城郭，自然宜乎有一绿杨邨茶社以资点缀。

不过昔日的绿杨邨，与现时的绿杨邨显有不同之处。昔日的绿杨邨，几乎全部笼罩在柳烟中。每于树梢高悬白色的布旗，写着鲜红的"绿杨邨"三字，遥遥看去，颇有"万绿丛中一点红，动人春色不须多"之感。记得先父曾指此"绿杨邨"三字，问笔者"白旗红字绿杨邨"可对何语，当时苦思不得。先父笑谓，可对"青石蓝书丹桂岭"，可惜至今还不知丹桂岭是在何处。

绿杨邨面临城河，邻近虹桥，后面土岗，便是通行大道，四围无墙，仅于入口处横架一木牌，写有"绿杨邨"三字，这就算是招牌了。过此有一小板桥，每当暮色已至，游客散去，小立桥头，低吟着"独立小桥风满袖，平林新月人归后"词句，一时会添得不少的诗情画意。

渡桥后，沿河有一条短短土路，尽是停泊着大小游船，比较姣好的船娘多在这里等待着顾客。另一面是短短竹篱，竹篱之内，有一土丘，并且有亭翼然。土丘上下，杂植竹木，许多人都喜欢躺在藤椅上，一边品茗，一边从绿荫缺处闲觑着河上的游船，会忘却时光的飞逝，也会忘却人世的纷扰。这是绿杨邨最幽雅处，也正是绿杨邨最引人入胜之处。

此外，由小桥下引水入内，成一小小荷池。荷池的北面，有几间矮屋。每间朝南，都是短短的栏杆，里面放着竹制的桌椅。从这里面，可以看到往来于绿杨邨的茶客，也可遥遥地看到河上的游船。这是携带眷属的人们喜欢逗留的处所，也是情侣喁喁细语的乐地。土路尽处更有一处极大的敞厅，靠河的一面可以垂钓。稀疏的钓竿衬映在绿水的上面，在垂钓者固有濠梁之乐，而在游客见之，亦觉风雅宜人。其余还有些别个卖茶的房屋，只是都在里身，与河上相隔较远，从游赏的观点上论，总不及上述三处的好。可惜这些情形都成过去了。绿杨邨里的短短土路已变成行人大道，不见小桥，也不见竹篱。竹木被砍伐的很多，更无杨柳笼烟。加以临河一面，围以短垣，偶入其间，固是一派萧条景象，更有郑板桥所谓"见天不大"之感。据云抗战以后，已经换了主人，或者新旧主人的心襟互异，这才使得绿杨邨大异旧观，固不仅因为乱离的关系吧！

教　场

况周颐的《选巷丛谈》上载有严廷中的《扬州好词》，调寄《望江南》，其中一首云："扬州好，午倦教场行。三尺布棚谈命理，四周洋镜觑春情，笼鸟赛新声。"这是前清光绪末年扬州教场之情景。证以笔者幼时所见，所写可谓逼真。

教场地点属于新城。新旧城人赴教场者，总称为"下教场"，此一"下"字最是特别。在笔者幼时，每听到"下教场"三字，便觉另有亲切意味，因为教场是孩子们最喜逗留的地方。

教场四周，在过去几乎全是茶社和面馆，其中也很有些典雅的名字，如惜余春、碧萝春、静乐园、九如分座等。这些茶社和面馆皆是成年人麇集之所，却非孩子们的乐园。教场之所以成为孩子们乐园的，乃是因为教场中心有一片广场。在这广场中，从吃到耍，几乎色色皆有。

就笔者记忆所及来说，许多糖果摊上，都是一面卖糖，一面做糖。如花生糖、芝麻糖、生姜糖等。孩子们都是先看做糖，等到一锅糖做好了，这才掏钱买糖。自己吃几块，还要带回几块。在孩子们的心里，似乎吃那看着做好的糖，香甜以外更有一种滋味，会觉到异样快感的。

糖果而外，出卖虫、鱼、花、鸟的地方也极为孩子们所喜爱。虫子在夏秋两季为最多，如叫蚰子、金铃子、纺织娘、蟋蟀等等，孩子们可以连同篾笼、纸盒、泥盆，一买再买。金鱼除严冬外，都可买到，大多是很小的，这么，孩子们可以一买若干条，欣欣然有得色。花的方面，以草本为多，因为价钱不大，孩子们买去以后，枯萎掉就算了，家长们也不致大加责难的。此外，鸟儿索价高的如百灵、画眉等，孩子们虽然只可带着鉴赏的心情呆相着，不过自己却也可买几只小麻雀去喂养的。

上述以外，另有跑马卖解和弄杂耍的。一班嚷着"在家靠父母，外出靠朋友"和"有钱的丢丢钱，没钱的帮帮场子"所谓走江湖的人们，也都集在教场里。孩子们虽没钱丢，却会帮帮场子，在场子上大人们的肘腋下钻来钻去，其乐无极！

至于《扬州好词》中所说"三尺布棚谈命理"，实有测字、相面、推命、合婚，以及文王课、大六壬，乃至于黄雀衔牌等等的不同，错落分布在教场的各方面。孩子们不知命理，却很好奇，因此常会围在黄雀衔牌的那里。耍西洋景的也很多，村姑俗子喜欢，孩子们也喜欢。所谓"四围洋镜觑春情"者，那只是带有秘密性的一两张片子，耍西洋景者借以诱惑观众的。觑及以后，俗子色舞，村姑面赤，孩子们神情猝变，却都不便公然宣谈的。若说"笼鸟赛新声"，这在孩子们也只有看看。因为赛新声的笼鸟，都是比较高贵。托着这些较高贵的笼鸟在教场上露脸的，必然是帮会中人，才能免于欺负。原来，耍笼鸟有闷笼、亮笼之分。闷笼仅是一面外露，这是普通人都可耍。如是亮笼，四面无遮拦，而又不是帮会中人，便将有人说着"朋友！借给我耍耍"，从他手上抢过去了。

这些情景，自从教场改为菜场以后便多更变。广场上搭着白铁棚，一间间地分隔着，看去是整齐不少，却失掉若干天趣。每天熙来攘往的多是买鱼虾菜蔬的主妇们。近时偶过其地，回想旧时情景，真令人怅惘靡已。

湖上游人

扬州瘦西湖，在昔名长春湖。为何改名瘦西湖，就名称来看，当是似西湖为瘦。简截地说，比西湖小了一点。只是现在的瘦西湖如与过去情形相比，便应该改为病西湖，因为她又横被摧残了多年，已是憔悴得可怜。不过无论如何，这瘦西湖仍不失为扬州唯一的游览之地。

沈涛的《瓟庐诗话》中载有钱塘汪沆的《红桥修褉词》云："垂杨不断接残芜，雁齿红桥俨画图。也是销金一锅子，故应唤作瘦西湖。"西湖之为销金锅子,见于《武林旧事》:"西湖景,朝昏晴雨皆宜,杭人亦无时不游,而春游特盛。日糜金钱,靡有既极,故杭谚有'销金锅儿'之号。"瘦西湖若从湖上游人来说,自然也是一只销金锅儿。

谈到瘦西湖上的游人,以季候分,春夏秋三季都很多,到了穷秋严冬,便仅有少数的骚人雅士,为了寻觅诗句画稿而啸傲于湖上了。复以节令分,清明、重九,以及农历六月初一到十九的观音香市,湖上大小游船固然往来如织,而岸上所谓"红男绿女"也真摩肩接踵。昔人说的"连衽成帷,举袂成幕,挥汗成雨",必当在那种情况下,才知不是过分的夸饰。更以时间分,每日以午后游人为最多。大约都在二三时以后出城,到了暮色苍茫,这才款款归来。

既作湖上之游,就必有所破费。道经香影廊、冶春及绿杨邨等茶社,小坐品茗,略进面点,或瓜皮艇子,容与中流,又或遨游各处,缁流"请坐""倒茶",自然都要破费。即使安步当车,处处打算,可是经由长堤春柳渡河到小金山,也得要小有破费。本来游湖是乐事,如必存心一毛不拔,必将变为苦事,又何必找此苦吃呢!

近数十年来,笔者也是湖上游人之一,对于各游览处所之盛衰,自多沧桑之感。而游人类别,似乎也随着时代巨轮迭有所变。在笔者幼年时,湖上游人都是中年以上者,而中年以上者之中又以男性为多。在那许多男性游人中,更带着不少风雅的情调。有的聚在画舫中斗棋、弄笛、吟诗、作画,以及猜拳、行令等等。有的独自徜徉于柳荫之下,或是断桥之畔,大概是些觅句的陈无己,以及呕心的李长吉。女性总不多,偶或遇到,大半是闲门中人。其他女性如

236

作湖上之游，则皆举家老幼聚于一船，便是所谓"家眷船"。青年人随着家长们出城，难得觅个闲空，约几位同伴在湖上偷偷地，并且急急地游荡一番。至于幼小者，便仅有村童牧竖，以及荜门闺窦中的野孩子们了。

及至笔者青年时，湖上游人便多同辈，中年以上者及风雅人士，每在一处，几乎都被挤到一个角落里去。年轻少女，也可成群结队地游于湖上，此唱彼和的歌声，会和湖水湖风相激荡。不过这种情形，在牧竖村姑们是看不惯的，常会在一旁用手指点着，用嘴讥刺着。有时一些野孩子们更拍手唱着："二道毛，掉下桥。有人看，没人捞！"因为那时女郎截发尚未普遍，自易于被视为揶揄的对象。到了笔者中年时，湖上游人便以青年男女为多。男女之间，再无过去那么谨严，一队队游人中，有多数是男性杂有一二女性者。更有一男一女驾了小舟一叶，漂荡水面，或隐匿柳荫，宛如忘机之鸥鹭者。笔者曾有《浪淘沙》词："波上碧油油，款款轻舟。柳烟笼处好勾留。莫作惺惺羞不说，难得风流。指点小山楼，欲上还休。那回别后不曾游。隔岸笙歌吹送过，惹遍新愁！"便是为这班青年们的湖上游人写照的了。

瘦西湖的湖水，一年年看去，似乎没有变。可是湖上游人，其类别固属逐渐不同，其情调也显然的先后有别。东坡词云："浪淘尽，千古风流人物。"想来不仅长江的浪涛如此，瘦西湖的涟漪也么加此的。

《小游船诗》

笔者前曾述及瘦西湖，至今仍不失为扬州唯一游览之地。湖上游人既多，应运而生之游船自然也多。撑游船的船娘，是湖上的一些闲花野草。拈花惹草的游人，现在固有，过去又如何能免？只是过去的游人比较风雅一些，这我们可以从《小游船诗》中得窥大概。

《小游船诗》，乃吾扬"面削瓜，骨介而貌和，不得志，益为放达，冀释其忧"（吉亮工《小游船诗序》中语）之辛补芸汉清前辈所著，计绝句百首，写于光绪己亥、庚子两年。其自序云："扬州虹桥迤北为长春湖，或曰瘦西湖，画舫笙歌，在昔为盛。风云一变，人事遂迁。环湖渔家，近以瓜皮艇载客，夕阳明月，云影波光，着一二乱头粗服者于其间，绮语风情，半鸣天籁，虽非昔日美人名士之高怀，倘犹胜市侩淫娃之俗抱乎！"可见过去湖上游人之与船娘厮混，既非高怀，亦异俗抱。

辛先生殁于光绪壬寅之夏，此《小游船诗》就在辛先生殁后由冶春后社诸同人醵资刊行的。笔者近从其哲嗣处得一钞本，与刻木两相校勘，词句殊有异同。并且刻本中有绝句两首：

> 大家挥扇汗浑身，窄窄湖船十四人。
> 一部石头新记事，不分谁主与谁宾。

> 午餐法海日西斜，子鸭清蒸大似鸦。

馋得老饕生别计，猪头分啖小银家。

为钞本所无，而钞本中亦有绝句两首：

小金山过五亭桥，臭水河边走一遭。
更喜今年新种菊，商量秋日去持螯。

陆家姊妹自成行，跛足黄头各擅场。
也欲引人来入胜，阿侬居在水云乡。

为刻本所无。是否在刊刻时因"臭水""跛足"诸语过于夸饰其词，远非实况，遂另补两首，或当时传钞即有异同，便不得而知了。

小游船，即俗称"小划子"。近时小划子形式，笔者已于船娘一文中述及，而在最初却非如此。《小游船诗》刻本中有一首绝句：

轩爽何须上有篷，送人来往夕阳中。
颇闻划子喃喃语，悔作男儿愿自宫。

可见小划子最初是无篷的。至于由船娘撑的小划子生意兴隆，妒煞男性船夫，则至于今日还是如此。

当时的船娘，颇多名噪一时，为风雅之士所激赏者，而那些船娘们对于一班风雅之士，也都服侍殷勤，如：

陆家庄在最西偏，剪韭留宾意特贤。

饭值酒资何烂贱，只消六角小龙钱。

（钞本作："水云乡里陆家庄，剪韭留宾意趣长。饭值酒资真烂贱，两般六角小龙洋。"）

筹马洋钱色色齐，拈牌叙座认东西。

村姑饷客饶风味，白煮河鱼醋溜鸡。

诗狂那抵酒狂豪，农墨淋漓蘸鼠毫。

赢得美人亲拂纸，一枝不律当舟操。

（钞本第一句"那抵"作"不及"，第四句作"风流只合让吾曹"。）

为爱名花第二株，阿谁引手试招呼。

醉中狂极褰裳去，博得纤纤玉手扶。

即从这几首诗看，便知当时船娘之行径，是真异于"淫娃之俗抱"。此外如：

熟人相见乱呼名，索债添钱闹不清。

趣语撩人偏发狠，者般风气亦多情。

240

百般调笑百般娇，柳外维舟为避嚣。

纤手细拈苍耳子，轻轻生怕发飘萧。

擘蟹烹鱼餍老饕，夜深归去泛渔舠。

女儿偏说游人饿，蘸起浮萍水一篙。

手抱船沿赵倚楼，谑言调笑惹娇羞。

簸荡真个身无主，欲采池莲不自由。

他们对于一班风雅之士打情骂俏，斗趣撒娇，颇类风尘知己，自会使人为之颠倒，并且形于歌咏了。

当时船娘中，以莲娘、转娘、挡子、小蔚、巧姑等为翘楚。至笔者常作湖上游人时，则多已不见，剩下的如转娘、挡子辈，早是风华老去，再不为游人所瞩目，这真是时光老人的冷酷。

此外，这班风雅之士，其行径似亦与近年游人不甚相同。如：

钟庄小憩倦游踪，北郭寻春野兴浓。

一事绝奇真可笑，犬声狂吠怕三恭。

（钞本"钟"作"宗"）

诗下有注云："客三揖而犬退，至今湖上艳称之。"这十足表现出书迁的行径，谁复再有如此雅量呢？又如：

> 鲫鱼枉自买河干，枯柳无枝欲贯难。
>
> 急煞于陵陈仲子，就烹何处可分餐。
>
> （钞本作："鲫鱼九尾虹桥买，枯柳无枝欲贯难。急煞于陵陈仲子，牟尼一串上河干。"）

这是如何的落拓不拘，谁复有如此的雅趣呢？更如：

> 何事桥东得得来，为寻诗句几徘徊。
>
> 我侬消遣耽幽寂，易惑寻常一辈猜。

这又是何等的雅人深致，恐尤非近年游人所乐为了。近年湖上，似已增加不少轻薄的情调、伧俗的气氛，如从另一角度去看，或者也是一种社会上应有的变革。可是在笔者读罢《小游船诗》，想到幼年所见于诸前辈者，又何能免于悠然神往！

五亭桥下

喜爱游瘦西湖的扬州人，其所喜爱之处，会因性情而异，或因学养而异，又或因年龄而异。即以笔者说，幼年在小学求学时，午后散学，常是约三五同伴，连跑带跳，一直到小金山的对河，花费铜钱一两枚，便可全体渡河，直登后山风亭，四顾苍茫，高歌一曲，或狂啸数声，便又匆匆归去。那时小金山的风亭，应是笔者所喜爱的了。后来偶然弄笔，看似雅好文艺，实均浅尝即止，却因此沾染到不少文人气习。于是游瘦西湖时，便喜驾扁舟一叶，落寞地向烟水迷茫处去。风雅一点说，是寻觅诗料，实亦不过借以惬幽怀、骋遐想而已。又因不喜热闹，便懒得向游船多处厮混，尤不喜见到"请上坐""泡好茶"的山寺俗僧，也便不会在小金山、徐园及法海寺等处张筵取乐，以示豪迈。不过无论如何，瘦西湖的五亭桥下，总是任何人都喜爱之处，似乎并不因性情、学养及年龄而异。《扬州画舫录》上说："四桥烟雨，一名黄园，黄氏别墅也。"又说："四桥烟雨，园之总名也。四桥：虹桥、长春桥、春波桥、莲花桥也。虹桥、长春、春波三桥，皆如常制。莲花桥上建五亭，下支四翼，每翼三门，合正门为十五门。《图志》谓四桥中有玉版，无虹桥。今按玉版乃长春岭旁小桥，不在四桥之内。"笔者生晚，已不见《画舫录》中所说的玉版桥及春波桥，仅见虹桥、长春桥，以及莲花桥。这莲花桥，即俗称五亭桥，因为"上建五亭"的原故。不过在民国二十二年以前，年久失修，桥上五亭，陆续倒塌，至于一亭都无，一时游人遂戏呼"无亭桥"。至二十二年，邑人王柏龄等倡修此桥，组织了重建扬州五亭桥委员会，募了好几千元，并且移用了城内皇宫的砖瓦木料，才将桥上的五亭重建起来，至今还有王氏撰的《重建五亭桥记》石刻安置在桥上。

这桥上因有五亭，偶立桥头，看看四围景色，桥下游船，不畏

五亭桥下

244

烈日，不忧骤雨，固然也饶有意趣，但终不及桥洞里别有洞天。《画舫录》上所说"下支四翼，每翼三门"，就在每翼三门中，也就是桥洞里，可容小游船两只，或大游船一只。在事实上，大游船是不多进去的，因为最多只能进入一半，船梢要抛撇在外面，因而这别有洞天之处，遂多为小游船所独占。

游人们将小游船撑进去以后，可以躺在藤椅上假寐。好风从三个门吹送进来，无论外面的骄阳如何逞威，这里面却终是个清凉世界。桥的正门是游平山堂的必经之道，在里面有意无意地迎送往来船只，又是游目骋怀的好处所。并且隔水笙歌起落，沿河杨柳低昂，尤可悦耳娱目。

不过这桥洞里虽可容小游船两只，但如有一只已经进去，做了先得的捷足，于是后到的便多停在外面，或即望望然而去了。因此五亭桥下所谓"四翼"，不会怎样扰攘起来。反正撑到桥洞里面去的在于避嚣，又在于纳凉，偶或在于谈情说爱，如志在游湖，或想赶热闹，便不想撑进去，偶或进去停停，很快就会离去。

笔者萍踪靡定，年龄愈大，逗留在扬州的时间愈少，每忆故乡景色，首先必想到五亭桥下。可是，又何能有更多的闲暇时间，容许自家扁舟一叶，避嚣纳凉于其下呢！

扬州面点

通都大邑的茶社酒楼常悬有"维扬细点"的招牌，足见扬州点心是可口的。其实除了点心而外，切面也似别饶风味，因略谈扬州面点。

扬州切面，苏北人士有以为不如东台之细。东台之面，堪称银丝细面。可是扬州之煨面，却亦非东台及其他处所可及。煨面之种类很多，大率随时令而异，有刀鱼煨面、螃蟹煨面、野鸭煨面等等。此外更有一般的如虾仁煨面、鸡丝煨面等等。这些煨面之妙，在于面汤鲜美，面条软熟，而又不至汤与面混糊不清。在昔伊秉绶曾任扬州知府，伊府面即其所创，而煨面据传亦惜余春主人高驼翁所创。伊、高均是福建人，这煨面之创制，看来是颇受伊府面之影响。

至于点心方面，尤多精美者。《画舫录》上论及扬州各茶社，以为"其点心各据一方之盛。双虹楼烧饼，开风气之先，有糖馅、肉焰、干菜馅、苋菜馅之分。宜兴丁四官开蕙芳、集芳，以糟窖馒头得名。二梅轩以灌汤包子得名，雨莲以春饼得名，文杏园以稍麦得名，谓之鬼蓬头，品陆轩以淮饺得名，小方壶以菜饺得名，各极其盛"。时移势变，这许多"各据一方之盛"的茶社，现时都已不见。记得幼年尚在南门大街见有"品陆"，一爿小小的茶社，既非旧址，亦不以淮饺得名，今则并此亦无。近年的扬州点心，则除了陈家烧饼外，笔者以为翡翠稍麦、千层油糕、蜂糖糕及汤包均值得一提。

关于翡翠稍麦及千层油糕，笔者曾于《惜余春续记》中道及。而蜂糖糕则以一斤一小块购自茶食店者为最佳，茶社中所售，亦是由茶食店中转买而来，多非自制。此糕以松软、香甜、爽口胜。所谓"蜂糖"，当是代表"蜜"字。彭乘的《墨客挥犀》上说："杨行密之据扬州，民呼蜜为蜂糖。"由此可推证，蜂糖糕便是蜜糕，不过与江南各地之蜜糕却颇有不同，因而也别有一般滋味。他处仿制者，能松软香甜已是不易，欲求爽口，便更难遇见。

再谈汤包，即《画舫录》中所称"灌汤包子"，与镇江或淮安所制都有不同之处。镇江与淮安均以汤包著名，但镇江所制，一年中仅有生肉及蟹黄两种，而扬州则更有野鸭及豆苗等类。淮安所制，比之扬州，如以味论，似尚不及，只是大愈两倍，大得别致而已。

扬州面点，其可口既如上所述，是以扬州人便乐于到茶社去进早点，人谓扬人"早上皮包水"。这"皮包水"的习惯之养成，面点之可口，实具有极大的诱惑力。即以笔者论，客居异地时，每当早餐，便常念及故乡面点，大类张翰之思莼羹鲈脍。不过扬州面点虽好，而扬州茶社则已今非昔比。在昔茶客之进面点，数量都很少，茶却饮得极多。他们以为吃茶不应与风雅分离过远，如是进面点至于杯盘狼藉，总不免显露伧俗之气。他们似乎共守一则信条，即是"君子淡尝滋味"。而近时则来往茶社者，多不嫌面点之多，如仅稍进面点，堂倌固不垂青，自家亦觉寒酸。于是阮囊羞涩之辈，或崇尚风雅之人，便不再常至茶社。即便回到故乡，也还会和做客的张翰一样，对于故乡面点，依旧列在怀念之中了！

图书馆桥

故乡的儿时嬉游之地，年事既长，偶一经过必多回忆。有时为了免生感喟，也会绕越改道。譬如吾扬之图书馆桥，虽是往来新旧城间的孔道，而笔者便不甚愿意从那里经过。

桥以图书馆名，自是因其贴近图书馆之故。可是如今桥之附近，并无图书馆，这在中年人尚能知其旧址所在，而青年人则在其记忆的领域中，便难于觅得丝毫印象了。

原来此桥直对现时的五区专员公署，现时专署便是战前教育局，教育局以前便是劝学所，劝学所以前便是图书馆了。汤寅臣浒北先生著的《广陵私乘》上说："蒋一夔，字绍篯，原名彭龄，甘泉岁贡生。少年时不自检束，好狎邪游，几不能自保其鼻。然其为人好新学，勇于任事。方其为县视学时，创办华瀛公社，谋立地方高等小学堂，建设公园，筑图书馆，并筑桥以通行人。虽经费不必尽由己出，然能于晦盲否塞之际，力谋公益，以冀开通，不可谓非一时之人杰也。"陈懋森赐卿主编的《江都县新志》上也说他："光绪戊戌创匡时学会于扬州，与康有为、梁启超遥通声气。迄康梁势败，学会虽停顿，而兴学之志不少衰，扬州府中学及江甘小学，皆其提倡。平生以开通民智为己任，组设华瀛公社，搜罗中西图书，任人购阅，灌输新知识于民众，学者深资其益。又设私塾改良会、法政讲习所、江甘自治分所，建筑图书馆于旧城之墟，并酿资建筑公园，园在图书馆南。成绩斐然，资望益著，因充任甘泉劝学所所长，得遂提倡教育之夙愿。"于此可知，如今的图书馆桥，乃因过去贴近图书馆而得名，而此桥与图书馆、公园等等均蒋先生所创修。在蒋创修此桥及图书馆、公园等等，以及充任劝学所长时，颇受邑人之攻讦。如某名士所写

《扬州十古怪小曲》，其五首即以蒋为攻讦对象，如说："五古怪，真古怪，烂鼻居然登学界！两年视学善钻营，十载廪堂尤厉害。把持公益技偏多，勾结官场才不坏。"又说："府中高等总监工，洋钱赚了三千块。楼房高砌到城头，陈设图书做买卖。"此等冷嘲热骂，几使当事者无地自容。可是笔者每过图书馆桥，儿时旧事，固忿集脑海，而对蒋先生之所作为，仍多钦敬之处。因为感今怀旧，他总还为地方做了若干公益之事，也颇有一些表现，似不应仅是一个冷嘲热骂的对象。

说到儿时旧事，图书馆旧址，直至改为最近之专员公署，其间使笔者感到最大不同的，乃是进出之人随着时间而愈变愈少。因为图书馆时代，可以任人进出。劝学所及教育局时代，进出者便有限制。到了专署时代，则更有限制。不过劝学所及教育局时代，在房屋后面还有一座高耸的土丘，这是旧城城垣拆除后的遗迹，也就是《新志》上所说的"旧城之墟"，儿时常喜和小友上去看看，可以约略得见劝学所或教育局的屋宇之布署，以及人员之动态。后来土丘被局里用竹篱围绕进去，便无法再能上去。但是每经其地，必见土丘，虽念念于旧事，却还慰情良胜于无。不意时至今日，土丘又复夷平，都已变成屋宇，于是经过时却又怀念着失去的土丘了！

在《新志》上说到蒋先生曾"醵资建筑公园，园在图书馆南"，实只相去咫尺。当公园初落成时，记得还略具亭台之胜，可供游览。虽因其中茶社太多，被人讥为"公园茶社"，可是那时内城河还能勉强行驶游船，游人可以由贴近图书馆桥的公园码头上船，从西水关出城去游瘦西湖。当游船在内城河行走，穿过一道道桥洞时，两岸绿荫掩映，沿河人家多有凭窗目送者，常会令人念及杜牧之诗："春风十里扬州路，卷上珠帘总不如。"及至薄暮返城，穿过一道道桥洞时，月光照水，水波荡漾着树影、人影及舟影，又常会令人念及杜牧之诗："二十四桥明月夜，玉人何处教吹箫。"现在图书馆桥虽还存在，公园码头却早已经没有，而公园的大部分已为税捐处所占用，剩下极小部分，据说还是茶社，但是残破得可怜，又冷落得可怜。此外，所谓内城河，也变成了小沟，两岸为垃圾所独占，无复绿荫掩映。固然西水关为了防务关系，一时堵塞，即使依旧开放，游船又如何再能进入呢？——这些都是因图书馆桥想到的旧事。笔者为了怕增加脑海里回忆的负担，宁愿改道，不愿从那里经过，实亦情非得已！

闲 人

吾人每谈到扬州，便极易念及扬州过去的繁华，而一连串涉及扬州的诗句，如"烟花三月下扬州""卧吹箫管到扬州""夜深灯火是扬州"，以及"春风十里扬州路""十年一觉扬州梦"等等，一时会很自然地纷集到脑际或口边。这过去繁华，配合着旧时享乐方式，征歌选色，弄月吟风，迄今所能遗留给扬州人的却只剩下一派悠闲之态。看去似乎还有不少人保持着共同的人生观，即在饮食方面，但求稍能舒适，而在事业方面，却不必定图进取。在这不少人中间，更有若干终日出入茶社，却终年不做一事的闲人。

　　闲人的典型，以笔者昔日亲身所见，又复值得追述者，可举两事为例。扬州过去毕竟是一繁华之地，虽已走向衰落之路，但是百足之虫，死而不僵，其旧架子还在。因此，仍有不少盐务机关与慈善机关。某甲便从这一方面着眼，此一机关挂一名义，月得十元八元，彼一机关挂一名义，又月得十元八元，再一机关挂一名义，更月得十元八元。于是某甲挂名的机关愈多，每月收入，聚沙成塔，也就很有可观。在民国十四五年时，扬地发行一种小报，报名《透视》，曾载有某甲职务一览表，真是蔚为大观。但其挂名虽多，每种名义下的收入却都不多，而某甲也绝不争多，看似颇为恬淡，实则某甲胸中对于此点却自有不可更变的铁则。因为某甲很知道，待遇如稍多，便会有觊觎争逐的人，并且主管人或有更迭，也会注意到以此安插人员。只有待遇少少的，谁都不屑前来攘夺，也便可以长久保此位置了。后来某甲竟因利用此策，挂空名，领干薪，优游岁月，并且自建住宅，栽花种竹，便也像一风雅中人。这是一例。

　　此外，扬州虽已大异昔日，但爱慕风雅、擅长书画及收藏书画的人却还不少。某乙便从这一方面着眼。凡是擅长书画之人，某乙便殷勤结识，又必特备佳纸，央请写字作画，并且再三叮咛其不写上款。原来某乙即以此书画贻赠收藏书画之人，借以换取若干代价，维持自家生活。某乙原是富春茶社中不了了斋的老顾客，虽不必腹笥便便，却也温恭有礼。一时书画家以其不俗，兴会所至，固乐于为其执笔，而收藏家则以其所得都非赝品，也乐于略予资助。于是某乙便因此终年地度其悠闲之生活，虽不能如某甲宽裕，却也不致为了自家衣食，仰屋兴嗟。这又是一例。

上述甲、乙两闲人而外，自然还有其他各型的闲人，但都不如某甲之闲得别致和某乙之闲得典雅。所惜这两人在抗战前后，都已相继逝世，如还健在，处在如今更形衰落的扬州，不知还能闲得别致和典雅，不致如现时闲人常飘喜庆柬帖，或伸手向人告帮，扮演着诸般丑态否？

长堤春柳

杨柳和扬州像颇有关系，这大约是因过去的隋堤之故。《扬州府志》上说："隋开邗沟入江，旁筑御河，树以杨柳，今谓之隋堤。"《炀帝开河记》上说："诏民间有柳一株，赏一缣，百姓竞献之。又令亲种，帝自种一株，群臣次第种，方及百姓。时有谣言曰：天子先栽，然后百姓栽。栽毕，帝御笔写赐垂杨柳姓杨，曰杨柳也。"便因这隋堤多柳，而炀帝又死在扬州，于是谈到扬州，也就谈到隋堤和杨柳。到了王渔洋的《冶春词》所谓"北郭清溪一带流，红桥风景眼中秋，绿杨城郭是扬州"盛传后，"绿杨城郭"竟变成扬州的异名，而杨柳也像是扬州特有的点缀了。

往昔扬州的杨柳，无疑是很多的，而北郊瘦西湖的长堤上则为尤多。因此，扬州八景中便有所谓"长堤春柳"。这长堤春柳，据《画舫录》上说："在虹桥西岸，为吴氏别墅，大门与冶春诗社相对。"

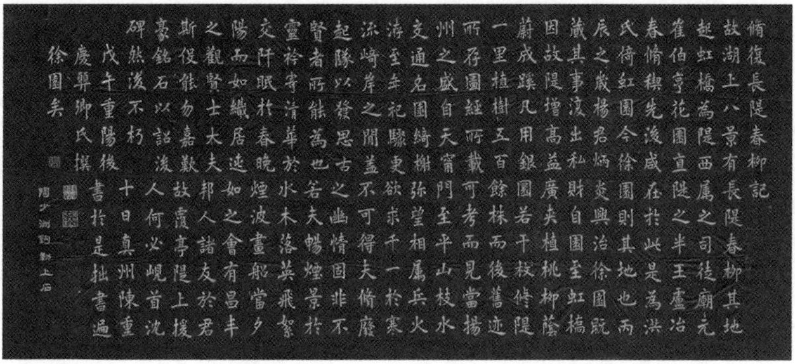

长堤春柳碑

脩復長隄春柳記
故湖上八景有長隄春柳其地
起虹橋為隄西屬之司徒廟元
崔伯亨花園直隄之半王盧治
春脩禊先後咸在於此是為洪
氏倚虹園今徐園則其地也丙
辰之歲楊君炳炎興治徐園既
蕆其事復出私財自園至虹橋
因故隄增高益廣夾植桃柳蔭
蔚成蹊凡用銀圓若干枚脩隄
一里植樹五百餘株而後舊迹
所存圖經所載可考而見當揚
州之盛自天甯門至平山枝水
交通名園綺樹弥望相屬兵火
洊至年祀驟更欲求千一於寒
淤崎岸之間蓋不可得夫脩廢
起隊以發思古之幽情固非不
賢者所能為也若夫暢煙景於
靈衿寄清華於水木落英飛絮
交阡眠於春晚煙波畫船當夕
陽而如織居迹如之會有昌丰
之觀賢士大夫邦人諸友於君
斯役能勿嘉歎故處亭隄上援
豪銘石以詒後人何必峴首沈
碑然後不朽
戊午重陽後十日真州陳重
慶尊卿氏撰書於是拙書遍
徐園矣
陽少渊鈎勒上石

长堤春柳碑

又说："扬州宜杨，在堤上者更大。冬月插之，至春即活，三四年即长二三丈。髡其枝，中空，雨余多产菌如碗。合抱成围，痴肥臃肿，不加修饰，或五步一株，十步双树，三三两两，歧立园中。构厅事，额曰'浓阴草堂'。联云：'秋水才添四五尺（杜甫）；绿阴相间两三家（司空图）。'"此外《画舫录》中写"西园曲水"时，更说及西园中的"觞咏楼西南角多柳，构廊穿树，长条短线，垂檐覆脊，春燕秋鸦，夕阳疏雨，无所不宜。中有拂柳亭，联云：'曲径通幽处（高适）；垂杨拂细波（温庭筠）。'北郊杨柳，至此曲尽其态矣"。可见扬州北郊的杨柳是很著称，而长堤春柳则又是北郊的杨柳之代表作。

　　关于长堤春柳，《画舫录》中更说到过去为黄氏为蒲所筑，并另有汪氏元麟，以画《长堤春柳图》得名。此图不知今日是否尚在人间，而黄氏当时修筑长堤春柳的情形如何，也不可复知。以现况说，长堤总算还存在着，长堤上一座已经很残破的亭子里，还悬挂着陈氏重庆所写的"长堤春柳"横额，可是春柳却仅剩三五零星了。在亭子里更有陈氏所撰《修复长堤春柳记》的石刻，其中说道："故湖上八景有长堤春柳，其地起虹桥为堤，西属之司徒庙，元崔伯亨花园直堤之半，王、卢冶春修禊，先后咸在于此，是为洪氏倚虹园，今徐园则其地也。丙辰之岁，杨君炳炎兴治徐园，既葳其事，复出私财，自园至虹桥因故堤增高益广，夹植桃柳，荫蔚成蹊，凡用银元若干枚。修堤一里，植树五百余株，而后旧迹所存，图经所载，可考而见。"于此可知，最近一次修复长堤春柳景色的时期，是在民国五年，主其事者是杨氏炳炎。杨氏名耀。关于此事，在《江都县新志》上亦有记载："徐宝山殁后，邦人士于湖上建园，祀宝山其中。初，董其役者吴策，策卒，耀继之。值盛暑往来烈日中，时耀年近七十，不惮劳苦。逾年园成，复于红桥西沿堤植柳数百株，以达于园，中建一亭，为游人休息之所。今所植之树，皆扶疏垂荫，春夏间自红桥以东遥望之，俨若图画，而惜乎耀之不及见也。"《新志》上只说"植柳"，而《修复长堤春柳记》上却说"夹植桃柳"，以笔者昔时所见，确是一株杨柳一株桃。只不过短短三十年，而由杨氏修复的长堤春柳，又已摧毁，春柳还有三五零星，桃树便连一株也不可复见，剩了孤露着的一条所谓一里长的"长堤"。游人经过其上，既感崎岖碍步，又苦尘沙扑面，哪能再如《新志》所说"春夏间自红桥以东遥望之，俨若图画"呢？

不过抚今思昔，笔者于十数年前，却还能于春秋佳日在这长堤春柳间，时时作图画中人。三五知交，踏过虹桥，缓缓地由长堤向徐园走去。两旁杨柳依依，千条万缕，戏弄着游人的衣袖，一时游人的衣袖上也像点染上不少的绿意。兼以春日夭桃呈艳，夏秋鸣蝉竞唱，更使人感到尘氛悉蠲，俗虑尽涤，步调在不自知间益复缓慢了许多，借以细细咀嚼其中的诗情画意。有时又会亲持钓竿，闲坐在绿荫下垂钓着，此时得鱼与否，似乎并非十分关心之事，却尽是鉴赏着水中柳影的婆娑，以及落花的荡漾。除了步行，又常扁舟往来于长堤，总是要船夫贴岸行驶，好随手攀折着柳条，并非以此赠别，却想带了回去，借志湖上的游迹。可是此等情景，在笔者都已成为旧梦，长堤早经非复旧观，游船似乎也不胜沧桑之感，再不沿着长堤这一边行驶了。不知何时更有好事如杨氏炳炎，再来修复一次长堤春柳，笔者唯有怀着无限企盼的心情而已！

扬州浴堂

笔者于《茶客》一文中曾说："俗谓扬人喜爱'早上皮包水，晚上水包皮'。'皮包水'是指赴茶社吃茶，'水包皮'则指赴浴堂洗浴。"关于"皮包水"事，已多有道及，现在更一谈"水包皮"。

该是便因为扬人喜爱"晚上水包皮"之故，扬州浴堂，比之别处似乎都要多些。《画舫录》上说："浴池之风，开于邵伯镇之郭堂，后徐宁门外之张堂效之，城内张氏复于兴教寺效其制以相竞尚，由是四城内外皆然。如开明桥之小蓬莱，太平桥之白玉池，缺口门之螺丝结顶，徐宁门之陶堂，广储门之白沙泉，埂子上之小山园，北河下之清缨泉，东关之广陵涛，各极其盛。而城外则坛巷之顾堂、北门街之新丰泉最著。"这"名极其盛"的若干浴堂名称，至今也还有保留着的，只是时移事变，今昔不能相比而已。

先就池子说，《画舫录》上的记载是"并以白石为池，方丈余，间为大小数格。其大者近镬水热为大池，次者为中池，小而水不甚热者为娃娃池"。这大池、中池及娃娃池的名称，在笔者幼年时已不复听到，只知是头池、二池和三池，并且三池大于二池，二池又大于头池。该因为娃娃池里是温水，便于一般澡客，不仅限于娃娃，所以名称须变，面积也须扩大。而"近镬水热"的头池，不是人人所需，自然在供求的原则下缩小其范围了。

次就座位说，《画舫录》上的记载是"贮衣之柜，环而列于厅事者为座箱，在两旁者为站箱。内通小室，谓之暖房。茶香酒碧之余，侍者折枝按摩，备极豪侈"。所谓站箱，笔者幼年还能见到，其顾客以苦力居多。此外，座箱便比较好些，而暖房则更舒服了。白沙惺庵居士《扬州好百调》中所写："扬州好，沐浴有跟池。扶掖随身人作杖，摩挲遍体客忘疲。香茗沁心脾！"也是指一些暖房里的顾客而言。这类顾客多有固定的"跟池"，每遇洗浴，那固定的"跟池"，会扶掖着入浴出浴，并且能熟知其顾客的习性，像脚如何烫法，背如何擦法，在池子里闷的工夫要多大，喜欢不喜欢烫水，都会代为调排得妥妥帖帖，使顾客舒舒适适，这当然也是"备极豪侈"的事。

更就习俗说，《画舫录》上的记载是"男子亲迎前一夕入浴，动费数十金。除夕浴谓之'洗邋遢'，端午谓之'百草水'"。这"洗邋遢"和"百草水"的习俗，至今小的浴堂还是有的，大而新的浴堂则都不复有此名目。至于亲迎前入浴费钱，时至今日，已不再见，可是笔者幼年时却还遇到。因为亲迎者入浴时，总是有人陪伴着，并且要换上一身新的所谓"装亲裌裤"，谁都会看到和知道，堂倌等等自会趁机讨索喜钱。"动费数十金"，便是这样费去的。

此外还有数事，亦为笔者幼年所亲历而如今却已没有的。在每一浴堂进门时，迎面粉壁上都写有一个很大的"忍"字。又每一小儿初入浴池时，带领的大人会带几枚"顺治"钱投到池里，后来顺治钱难找，便改用铜元。写"忍"字是何意义，殊令人费解。或谓这是因为在浴池里，人皆是"祖裼裸裎"，挤挤碰碰，所不能免，如竟动辄生气，从相骂到相打，池里水热，池外水滑，是极易发生危险。因此，于顾客入门时，使其触目便见"忍"字，借以提高其警觉性。至于小儿初入浴池，必投铜钱，或者意在讨吉利。原来我国人是相信多神论的，以为无处无神，浴池自也有神司理，虽是贿赂公行，却正是求其保佑呢！

《扬州好》

吾扬辛补芸前辈所著《小游船诗》，其称道扬州瘦西湖的昔时情况，真不胜令人神往，笔者已于另文述及。继辛先生之后，更有惺庵居士的《扬州好百调》。居士姓黄，名鼎铭，字录奇。《江都县新志》上说他"工文章，有声庠序"，又说他"书法北朝，得其逸趣。能诗，所作多随手弃去，唯《扬州好》及《四书诗》尚存"。这《扬州好百调》，调寄《望江南》，其抒写的对象比之《小游船诗》要广阔得多。扬州的古迹、风流、习俗及土宜等等都说到，大可当为一部扬州小志读。先大外祖臧诒孙题词四绝，其第一首云："册载光阴一掷梭，吾乡风物近如何？得君百调词翻出，才觉扬州好处多！"第四首云："小游船泛夕阳时，曾和辛郎湖上诗。辜负藕花好天气，不如黄九善填词。"其推崇《扬州好百调》，实非阿其所好。

《扬州好》中所写的一切，时隔数十年，已有很大变异，但因写得极亲切有味，还可引起笔者若干旧梦。譬如说：

扬州好！盛典举迎春。熊轼八台瞻彩服，牛鞭三尺动香尘。随后有芒神。

扬州好！神会出城隍。泥膝拜香痴妇女，踮肩随驾俏儿郎。三次利孤忙。

扬州好！胜会出都天。茉莉万花穿伞扇，笙箫两部导秋千。台阁矗云烟。

扬州好！水会夜深过。桂楫迎来都土地，荷灯放满护城河。施食市僧多。

这许多迎神赛会之事，时至今日，几已绝迹，而在清末民初还是很为热闹。笔者过去虽未扮过"芒神"，也未"踮肩随驾"，更未照料"台阁"或放灯、"施食"之类，却曾多次随着家人在群众中钻进钻出，手舞足蹈地哗笑着。当时又有瞎子赛会，尤饶风趣。

扬州好！赛会号双盲。白眼横加怜瞆瞆，红旗分执共跄跄。陨越慎提防！

便是写的此事。所惜如今扬州的瞎子并不少，而这样的赛会之事却再难饱人眼福了。

259

此外，《扬州好》上说：

> 扬州好！花局试徘徊。绕屋清阴芦箔护，分行浓艳瓦
>
> 盆栽。雅意比怜才。

花局之多，便因莳花爱花的人之多。郑板桥曾说扬州"十里栽花当种田"，虽是夸饰其词，但扬人过去多爱花草，却是事实。于此可见过去扬人之"雅"。又说：

> 扬州好！书厂破愁魔。说到飞跎回味美，听来皮辣发
>
> 科多。四座笑呵呵。

"飞跎"是指《飞跎传》，"皮辣"是指《清风闸》，这是道地的扬州评话，非土著是不会彻底了解其中许多俗语的。扬人都乐于去听，儿童们听到或谈到飞跎或皮辣，则更眉飞色舞。于此又可见过去扬州之"闲"。"闲"与"雅"原是过去扬州人的典型生活，可惜现时扬州花局甚少，已是花事阑珊，无复当年绚烂。而说《清风闸》的还有，说《飞跎传》的已不可复得。就扬州评话界说，尤令人有老成凋谢之感。

末了，关于扬州清末办理教育情形，《扬州好》中也曾说到。如：

> 扬州好！几等学堂开。名别官私分教育，课兼中外育

英才。一岁一班来。

扬州好！广辟体操场。人比虾蟆跳足走，群如狮子抢
球忙。从此国民强。

扬州好！女学集瑶姬。黑面书编怀里夹，黄皮包裹手
中携。真个赛男儿！

大约黄先生是看得很不顺眼，因而辞句之间，便充满了调侃的
成分。又说：

扬州好！南北戏分台。名角两班排日演，学员半票似
潮来。旋闭又旋开。

这正是过去时髦青年之时髦举动。笔者在幼小时，对于此等举
动，也曾怀着无限艳羡的情怀，可是现在读到黄先生这首词，却只
引起无限的怅惘。即使笔者能够年光倒流，儿时可再，恐再无艳羡
的勇气，且任他放置在旧梦中吧！

（原载《申报》一九四六年九月十八日至一九四八年四月七日，

原题《扬州续梦》）

颂　予：

深信扬州为古今繁华之地

讲述人为湖北人，后迁扬州，具体事迹不详。

　　余昔读《隋唐嘉话》，而深信扬州为古今繁华之地，不觉心焉向往之。及读《扬州画舫录》，而更叹扬州为古今人才之数，尤不觉低回而流连之。余本楚人也，随侍祖若父，徙居维扬。今市井萧条，笙歌阒寂，异于《隋唐嘉话》《扬州画舫录》之所记载者，不禁有今昔之感。今就闻见所及，录以告记风俗者。

扬州茶馆

　　扬州教场，茶馆林立，群贤毕至，少长咸集，信可乐也。而抱陆羽之癖者，虽遇烈风雷雨，不能愆期，盖亦习尚使然。至浴堂之多，与沪上相等。而好洁者亦集其门，时值隆冬，尤不稍却。故谚有之曰："早晨皮包水，晚间水包皮。"

262

元　旦

正月元旦，家家闭户，街市索然，时有呼噜之声噪于耳鼓。近日贺阴历年者殊鲜，亦间有之。闻仍有拖豚尾于背，而翎顶辉煌者，不知其是何居心也。

初五日

初五日接财神，用金银元宝，陈诸香案，五光十色，目眩神怡。仕商妇女皆然，娼寮尤盛。

初七、初八日

初七为人日，看穿星。初八为谷日，看定星。其占验词云："上角多风雨，下角井底干。中堂刀兵动，背后是荒年。"一云："上角仓仓满，下角损低田。堂口刀兵动，背后是荒年。"农人占之颇验。

十三日

十三日上灯，凡新嫁娘，其母家必送灯三年，以为多子之兆。其时有锣鼓喧天，送纸麒麟于人家者。必买麒麟，须藏诸新嫁娘怀中，借呈麟趾之祥。

十五日

十五日元宵，家家吃汤圆。

迎坑三姑娘

迎坑三姑娘（即紫姑），用簸箕扎以青布，戴簪环，有两人在粪坑前迎，迎至其庭。设香烛以供奉之。香案上铺以米，若扶乩盘之铺以沙然。问农事及终身，有求必应，然而有验有不验。谚曰："男子信仙把乩扶，妇人专问坑三姑。毕竟有无灵验否，不知床寝挂桃符。"

广陵灯市

广陵灯市最盛，有舞龙灯者，如宜僚弄丸，操纵自如，左宜右有，神乎技矣。挑花担者，能作飞燕舞，触劈如志，不疾不徐。花鼓戏，即古之角抵戏也，不衫不履，牛鬼蛇神，见之令人喷饭。然诙谐入妙处，颇觉解颐，无怪乎妇女儿童观而忘倦。

立春日

立春日，春牛芒神，农人觇之，以卜旱涝丰歉之岁，颇灵验。

十八日

十八落灯日，家家食饼面。

惊　蛰

每年逢惊蛰节，以除夕日守岁，烛照蚊虫，蚊虫自除。

二月初二

二月初二，为龙抬头日。闹土地灯，作粉榆社。凡妇人无子者，俗送土地灯或张仙于其家，是年即有玉燕投怀之兆。

二月十二日

二月十二日为百花生日。树上均挂红志喜，以申南山之祝。灌园叟仍备蔬果、香烛以祭，斋戒三日。花须以酒浇之，是年百花齐盛。

观 云

云有五色，以春分日观之，青为虫，白为丧，赤为兵荒，黑为水，黄为丰年。降其祲祥于国，使人预知而为备也。

立 社

里闾立社，用洽乡党之欢。人家妇皆归外家，晚归，即外公姨舅皆以新葫芦儿、枣儿为遗。塾师预敛诸生钱，作社会。归时各携花篮、果实、食物、社糕而散。

儿童斗草，踏蹴鞠以为欢。故陆游《春社》诗云："太平处处是优场，社日儿童喜欲狂。且看参军唤苍鹘，京都新禁舞斋郎。"信然。

社在春分前，主岁丰；在春分后，主岁恶。谚云："社了分，米谷如锦墩；分了社，米贵遍天下。"

社公社母，不食宿水，故当社日必有雨，谓之社翁雨。

今人家闺房，遇春秋社日，停针线，谓之忌作，否则令人不聪不明。

寒 食

寒食去冬至一百五日，在清明前二日，夜鸡鸣时，炊黍熟，取釜汤，遍洗井口瓮边，则百虫不近。

清　明

春分后十五日，斗指乙，为清明，家家上新坟。有无赖子弟，装寡妇作小上坟之戏，以勾引上坟妇女嬉笑，诚恶作剧也，官斯土者首宜严禁。

榆荚雨

三月榆荚时有雨，高田可种大豆。

赌　风

扬州赌风本盛，旧时以十和、杨棍为最消遣品，推牌九次之，摇摊掷骰又次之，状元筹、升官图更次之。近日则麻雀牌盛行，而十和等牌寂无闻焉，殆亦习尚使然也。故谚有之曰："清明不看牌，死后没人抬。"

谷　雨

清明后十五日，斗指辰为谷雨，家家说养蚕之事。牡丹雨后，芍药风前，万花烂漫，种种上市卖花者，歌叫之声，清奇可听。曹组诗云"一竿红日卖花声"，正是时也。

上巳节

三月三日谓之上巳节。士民翩翩并出江渚池沼间，为流杯曲水之饮。采兰水上，以祓除不详，并上踏青鞋履，斗百草。

扑蝶会

士民开扑蝶会，并射覆春灯。

太阳生日

三月十九俗称太阳生日。家家妇女念七遍太阳经，经语鄙俚不堪，乌得谓之经乎？夫太阳与天地俱始，人乌知其生日？若三月十九，则非史道邻所谓地坼天崩、山枯海泣之际乎？吾闻之，日者君像也，又曰中国之应也。太阳之义，其在此不在彼欤？盖明之遗民，痛庄烈帝煤山之变，托之为太阳，诡之为生日，以示不忘，亦慎终追远之意也。故吴江沈款若有诗曰："三百年来迹久荒，岁时犹此话君王。义熙甲子汉家腊，传遍民间未许忘。"

梅 雨

四五月间，梅欲黄落，则水润土溽，础壁皆汁。蒸郁成雨，谓之梅雨。沾衣服皆败黦。故农家谚云："黄梅雨未过，冬青花未破。冬青花已开，黄梅雨不来。"

布谷鸟

四月有鸟名布谷，其名自呼。农人候此鸟鸣，则犁把上岸。

浴 佛

四月八日，浴佛。以都梁香为青色水，郁金香为赤色水，丘隆香为白色水，附子香为黄色水，安息香为黑色水，以灌佛顶。至今天宁、重宁诸寺，于是日作龙华会，修启寿斋。

吕纯阳生日

四月十四日为吕纯阳生日，道士持斋醮一日，有病人求符箓，能除疫鬼。

蛙 市

晚蛙聚鸣，谓之蛙市。故贾弅诗云："江南孟夏天，慈竹笋如编。蜃气为楼阁，蛙声作管弦。"

夏至后半月

夏至后半月为三时，头时三日，中时五日，三时七日。届时，雨谓之时雨，农人庆为甘霖。

送　梅

五月雨谓之送梅，又名濯枝雨，六月方止。东南常有风至，曰黄雀长风，亦曰薰风。

端五节

五月初一为端一，初二为端二，初三为端三，初四为端四，初五为端五。端五粽子，名品甚多，形制不一，有角粽、锥粽、菱粽、筒粽、秤锤粽，又有九子粽。

五月五日为天中节，蒭鸲鹆舌，能学人语。端午索系臂，一名长命缕，一名续命缕，一名辟兵缯，一名五色缕，一名五色丝，一名朱索，一名百索。又有条达等组织杂物以相赠遗，更以杂丝线、合欢索缠手臂。

五月五日作赤灵符，着心前辟兵。又作龙舟竞渡，以吊屈原。采艾悬于户上，以菖蒲泛酒，或用雄黄酒以辟疫，或以艾为虎形，或剪彩为小虎，粘艾叶以戴之，或画钟馗像以卖。又作泥塑张天师，以艾须棕拳，置于门上。桃印本汉制，以止恶气，今世以彩绘篆符相问遗，亦以置屏帐之间。

龙生日

五月十三日谓之龙生日。可种竹，又谓之竹醉日。是日关帝大刀会。十二日磨刀，遇雨谓之磨刀雨。十三日出征，遇雨谓之洒道雨。十四日返，遇雨谓之洗车雨。

恶　月

五月俗称恶月，多禁忌，曝床荐席，及忌盖屋。

六月三日

六月三日俗称小白龙探母。六月六，俗传关帝晒龙袍。

六月六日

俗以六月六日天书再降，为天贶节。农家祀谷神，谓之"六六六福"。谚云："六月六，百索子上屋。"

六月十日

六月十日金粟如来生，各寺打佛七以资冥福，妇女最迷信之。

六月十九日

六月十九日观音大士诞，香市极盛。观音山暨小金山、平山堂等胜境，游人如织，通宵达旦。游湖船亦颇华丽，携妓饮酒者所在皆是，相率猜拳捉迷藏以为乐。

三 伏

从夏至后第三庚为初伏，第四庚为中伏，立秋后初庚为后伏，谓之三伏。

伏 日

六月伏日，并作汤饼，名为辟恶，家家以瓜镇心。

立 秋

立秋促织鸣，女工急促之候也。里语曰："促织鸣，懒妇惊。"

七　夕

七月七夕，妇女结彩缕，穿七孔针，斗乞巧牌。陈瓜果于庭中以乞巧，有喜子网于瓜上，则以为符应。民间妇女儿童，于七月七日各捉蜘蛛于小盒中，至晓开视，蛛网密者言得巧多，稀者言得巧少。

七月六日有雨，谓之洗车雨。七日雨，则云洒泪雨。是夕乌鹊无声，相传为驾鹊桥。民间妇女争看巧云，云气成形，若楼台殿阁，巧为蜃气所化，五彩缤纷，照耀人耳目间，俗谓之开天门。

妇女喜镂花瓜，或昆虫，或龙凤，或禽兽，或花卉，或山水，或人物，穷形尽相，惟妙惟肖，可谓人巧极而天工错矣。至今犹盛行于时。

七夕洒扫于庭，露施几筵，设果脯，散香粉，以祈于河鼓织女。言此二星神当会，守夜者咸怀私愿。或云，见天汉中有奕奕正白气，光耀五色，以此为征应，见者便拜。而愿乞富、乞寿、乞子，不得兼求，三年乃得，言之颇有受其祚者。

七月十五日

七月十五日为中元节，作盂兰盆会，相传为目连救母时为之。今祭祖先暨斋孤，皆盛行此会。

七月三十日

七月三十日地藏王生日，家家插香及蜡烛于地，以资忏悔。

八月十五日

八月十五中秋夜，闾里儿童，用风灯、宝塔灯连宵嬉戏，并啖月饼。夜市骈阗，至于通晓。

秋　分

白露后十五日，斗指酉为秋分。鹈鴂春分鸣则众芳生，秋分鸣则众芳歇。故屈子《离骚》云："恐鹈鴂之先鸣兮，使夫百草为之不芳。"

（原载《民权素笔记荟萃》，山西古籍出版社一九九七年七月出版，

原题《扬州风俗记》）

刘少椿：
广陵又素有琴名

刘少椿（1901—1971），名绍，字少椿，号德一。陕西富平人，民初随父迁扬州，为广陵琴派传人。琴风跌宕多变，绮丽细腻，刚柔相济，音韵并茂。

乐器之中，琴为最古，广陵又素有琴名。顾自嵇中散、袁孝尼而后，只唐人李颀诗："请奏鸣琴广陵客。"又《云仙杂记》载，李龟年至岐王宅闻琴声，断弹楚声者，为扬州薛满。片鳞只爪，偶一二见，盖书有缺间矣。其足资考证者，当自清始。

清初徐常遇，字二勋，别号五山老人，善琴，气味与熟派（常熟）相近，学者尊为广陵宗派。著《澄鉴堂琴谱》，亦称《响山堂琴谱》。康熙四十一年壬午（民前二百十年），由其子晋臣付梓。二勋子周臣名祜，晋臣名祎，瓒臣名禶，均著声望。周臣侄锦堂，世其家学，琴名历三世不衰。同时有徐大生者，名祺，别号古琅老人，毕生研求琴学，集海内外名谱，考订四十余年，辑《五知斋琴谱》。康熙八年己酉即欲登诸梨枣，不果。至康熙五十八年，其子越千名俊，游皖得交周子安鲁封，因与参订重校。直至雍正二年甲辰（民

275

前一八八年），始授剖厥。其后，吴仕伯名灯（《艺舟双楫》作思伯）少受指法于锦堂，因与越千辈游，更精研琴律，以辩明琴曲立体为用吟诸法，著《自远堂琴谱》，嘉庆七年壬戌行世。思伯之学，传释仙机，其别传曰颜夫人。颜夫人授梅蕴生，仙机授释问樵。问樵转授秦维翰，字延青，别字蕉庵，著《蕉庵琴谱》，由陈南金兰生鉴定，光绪四年戊寅（民前三十四年）刊成。其后，有释云闲集辑《枯木禅琴谱》，以五知斋、自远堂为宗，籍续广陵之大概，光绪十九年癸巳（民前十九年）行世。秦延青传释小航，其他如赵逸峰、丁绥安、向子衡、王小梅、梅植之、王耀先、丁玉田、孙檀生、解石琴、徐卓卿、徐北海、释莲溪、雨山、皎然、普禅等，皆与蕉庵先后辉映。

近三十年，广陵操缦家当推孙绍陶、王芳谷、胡芝甫、夏友柏等。民元间设广陵琴社，延孙绍陶指导。绍陶与解石琴、丁玉田等精研有年，鲁殿灵光，巍然独立。广陵之弹琴者张子谦、刘少椿、高治平、胡斗东等，皆先生之高足也。

（原载董玉书《芜城怀旧录》，一九四八年出版，

原题《广陵琴学源流略讲》）

276

钮　东：
左卫街是扬州一条热闹的街

讲述人生平不详。

这次因事赴扬，路过沪上，停留了几天。嗜书成癖的我，不免要到福州路上——这书肆的集中地走走。暌违已三四年了，大致却还是旧观，但有少数几家搬了场，尤其是生活书店，不知迁到什么地方去了。开明只是移了几家门面，布置虽很科学化经济化的，只是地方也实在小得可怜。

一般情形看来，都是新出版书很少，定价相当贵，薄薄的一本书，总在千元以上，篇幅稍多的便要几千元不等。旅囊羞涩的我，实在不敢问津，只得拣最喜爱的几本书，尽量翻阅跳读，权当屠门大嚼。虽然书店伙计的眼光，也很难受，但也顾不得许多了。我记得商务王云五的《旅渝心声》，翻阅了几遍，实在不忍释手，此公文笔锐利，观察深刻，但终以需价在两千以上，只得忍痛割爱。开明近刊丰子恺漫画多集，如古诗新画，学生相、战时相，尤其是一册《阿Q正

277

传》的漫画，更是震动了我的心弦，但还是因了"阿堵物"的关系，不能跟着我上扬州。

可恨交通不能迅速恢复，火车的黑市票，竟耗去了我全部旅费的二分之一，使得我不得不格外紧缩。否则至少可以多购几部书，但也还是亏了它——火车终于载我到达镇江，又渡江到了这过去曾有着繁华的光荣史的扬州。

到扬后，行装甫卸，心身稍觉安顿之后，"荡街路""逛书铺"的老脾气又复发了，横竖工作不多，成日空着也不是事。

左卫街是扬州一条较热闹的街，几家银行都在这儿，所以又有银行街之称。但是相对的，这穷措大的书店，却也有不少开在这街上。我第一家就走到顺昌，这是一家文具店，专售正中书局出版的新书，代售的很少。但我在这儿，却购到一册一七一期的《中学生》，内有《中学生的老朋友》特辑，第一篇便是老同学莫君所作。其实我也算是《中学生》的老朋友了，所以买来翻阅一下。莫君文内有很多"忆当年"的记述，这在我是颇为熟悉的，读了之后，不禁起了无限的憧憬。

向西走去不远，有一家扬州书店，新书不多，价钱也贵，营业也似乎专以文具为主，我也就没有多停留。

大概过去半里路的样子，又有一家叫会文堂书局，摊上不少新书，上海新出版的期刊更多。选了一本王云五的《访英日记》（全新的并非旧书）——因此公的《旅渝心声》，在沪时因价贵未购，所以想买篇幅较少、价也较廉的此书来过瘾。索价四百元，觉得还不贵。后来到商务分馆一问，定价是八百八十元，真是便宜极了。我回来费了一日的时间，毫不停顿地读完了它，内容也够充实的，虽是薄薄的一本。

再过去又有联华书局和几家小书铺，出售的以大东世界版的为多。过去曾买一折八扣的翻版旧小说更多，前进的新文艺刊物，似乎很少。一直到了小东门，在警察玻璃岗亭边，有两家相对的旧书店，书并不很多，有价值的更少。一本商务旧版的《历代名人书信》，因中间有几篇曾为某作家引用过而引起了我的注意，不料店主狮子大开口，索价两千元，弄得大家不欢而散。

然而在对面另一家旧书铺中，却给了我收获，全部四册商务版的《天方夜谈》，完全是林译说部的式样，字体很大，底页印着"翻译者元和奚若，校订者会稽金石，光绪三十二年岁次丙午四月首版"，索价一千元，以四百元成交，使我惊喜若狂。此书我原来也有一部，但为高中国文补充读本的版子，字迹很小。我一向很喜欢读它，不但内容故事的瑰奇怪异，引人入胜，便是奚若先生的古色古香的译笔，也实在使得我们佩服，不要说胜过林译，至少当不在林译其他精彩的作品之下。但后来这书给一个朋友借去遗失了，使得我很懊丧，时时怀念着。今日补购得此书，而且是四十年前的初版本，真是这一次逛书铺的意外收获。

过了小东门，街道很冷静，没有什么可玩的，便由原路折回。经过了邮政局，便有一条向北的大街，和左卫街成丁字式，地方够热闹，人总是拥挤着。于是我也向人丛中混了进去，第一便发现了一家叫万众的书店，新书很多，布置很现代化，广告也做得相当出色。上海几家新文艺书店出版的书差不多齐全，什么茅盾、巴金、老舍、丰子恺的近著都有。可是价钱也真不小，我拿了一本《夜读抄》试问要卖多少，他说要两千半，还是有些破了的。我说："太贵了。"他却说："一点不贵啊！还是战前道林纸印的呢，现在哪有这样好！"他翻着书，似乎很精于此道的，但我终于把它放进原处，又走出了这家书店。

一家叫陈恒和书林的就在前面不远，有很多人在那儿翻阅新到的各种期刊。再过去便是世界书局的特约所，我选购了一束稿纸，五十张价七百元，还算不贵，样子也好，格子也小，能钢毛笔两用。新书虽也不少，我因过去经验，也就不敢多问。

无意中发现了一个有趣的对照，就是这一条竖头街上所有的书店，都是坐西向东。独有最北一家商务印书馆扬州分馆，却是坐东向西，门面很庄严，生意似乎很萧条，冷清清的反不如前述几家小书店，因销售各种期刊画报，翻阅的人很多，所以觉得有生气些，虽是真正购书的人也不见多。而且别的小书店，似乎都有还价，有时也很有便宜书可以买得，像我上述的《访英日记》便是一例。

一家兼营旧书业的文海楼书局，玻璃柜台上很整齐地排列着《万有文库》的一部分，单本出售。我翻了一下，觉得也找不出什么好的来。

商务隔壁还有一家叫梅枝书店的，名字倒还古雅，似乎是百年老店。门面虽还不小，只是我看来总觉得显示着一种老年的悲哀在里头。我同老店主谈了一会儿话，据他说，扬地近来百业凋零，书业更是不堪设想了，言下不胜抚然。

时候不早，前面也似乎不会再有什么书店，"打倒车"重又回到了左卫横街。出乎意外的一家叫作公平旧货商店的，在许多中西古玩字画中间，竟也有几部旧书陈列着。我看中了一部《鲁迅书简》，装订很精致，大约有八成新，标价四千元，在沪虽见广告，却未见到原书。隔了一天，决计节省了一斗半食米的代价，想去占为私有时，竟已被人捷足先得，毫无踪影了。代替了这书的位置的，是谭延闿手写诗的精印本，计四厚册，价六千元，字迹娟秀，和他本人所书颜体大字的刚劲，恰成对照。

我的"逛书铺"至此为止，当然扬州书铺，尚不止这许多。尤其是不在上述两街附近，更有许多位于偏僻小巷，而为我所不知道没有走到过的，我想等到居此稍久，街道较熟之后，再有续游的机会。

（原载上海《民国日报》一九四六年四月二十四日，原题《扬州书肆》）

李涵秋：
夫猴戏虽假，而演之者则真

李涵秋（1873—1923），名应漳，字涵秋，别署沁香阁主人，鸳鸯蝴蝶派代表作家，江苏扬州人。曾主编《小时报》。著有《广陵潮》《双花记》《雌蝶影》《琵琶怨》等。

春困无聊，出门散步，见猴人牵猴数十头，演戏于空阔之场。场之东西，插红绿旗各一，以为标志。是时观者如堵，余亦旁立，徐觇其异。无何，金声一响，群猴皆跳跃而出，中有二猴，向戏箱中各取假面具，戴于其首，率他猴分立于红绿旗之下，如两国之主人翁然。猴之手中咸执短棒，静以待命。鼓声起处，两军遂出全队，互相击刺，亦若此而不胜，便有亡国之祸也者。击刺既久，绿旗终为红旗所败，于是败者咸束手就缚，状若俘虏。而红旗之主人翁，昂昂然面有骄色。虽彼等俯首乞怜，求为奴隶，卒不一顾。嗟乎！猴何物也？而能描写历史上亡国之惨状若是，岂非猴人教授之有道欤？

演毕，余询："操何术以致此？"猴人曰："小人从事于猴戏也久矣。猴之性最灵，故其教之也易。君之所见，特其一斑耳。小人家中尚有猴数十头，若使其着大礼服，合演一出共和新戏，恐君见之，犹叹赏不止。"

余闻斯言，悲感无既。夫猴戏虽假，而演之者则真。今日吾国号称共和政体者，奈何有其名而无其实耶？彳亍而归，特濡笔以记其事。

（原载《沁香阁游戏文章》，震亚图书局一九二七年出版，

原题《记猴戏》）

第四编

艺海泛舟

［日］常盘大定：
大明寺是鉴真和尚遗址

常盘大定（1870—1945），日本宫城县人。中国佛教学者、日本古建筑学家。

古大明寺，是唐鉴真和尚之遗址也。和尚实为海东律祖，又为初传台教祖，江阳县人。年十四，随父入大云寺，见佛像而出家。神龙元年，从道岸律师受菩萨戒。景龙初，抵长安，依荆州恒景律师禀具实际寺，就融济律师学《南山钞》，依义威、智全听《法砺疏》。历侍两京讲肆，该三藏，研台教。壮岁旋淮，住扬州大明寺，为戒律宗匠。天宝元年，日本容睿、普照来寺听讲，拜请东渡。和尚言："我闻南岳思禅师生彼为王，兴晖佛法。又闻长屋王制千袈裟，施此土一千沙门，衣缘绣偈曰：'山川异域，风月一天。寄诸佛子，共结来缘。'思是佛法有缘之国也，吾当往矣！"天宝二年冬，募神足二十五人，首途泛海，前后五次，以运蹇不果其志。凡在逆旅十有二年，饥渴困厄，难以具述，两眼失明，仍不变初念。会天宝十二年冬十月，日本大使特进藤原清河等，特至扬州近光寺，恳请东渡。和尚乃与高弟三十五人，乘副使大伴胡万之船，同年十二月达日本太宰府。翌年二月，入南京馆于东大寺。神武天皇遣正议大夫吉备真备传宣，委以授戒传律之任，叙传灯大法师位。四月，建坛于卢遮那殿前，上皇始受菩萨大戒，皇帝、太后、皇后、太子、公卿以下受法戒者，凡四百三十余人。一时高德八十余僧，弃旧受新，是为日本登坛授戒之始。天平宝字元年，赐"大和尚"号。和尚以寺田税创唐招提寺，筑戒坛，三年竣功。律寺所备，奂然有序。五年，奏建戒坛于下野药师寺，及筑紫观音寺，为东西两戒学。七年仲夏六日圆寂，寿七十七，腊五十五，实唐代宗广德元年也。和尚可谓权化之圣者矣。古记云：大明寺在县西北五里余。又云：平山堂创于大明寺庭之坤隅。又云：大明寺前有平山堂。又云：谷林堂在大明寺。大明寺是刘宋孝武帝大明年间所建，寺东有栖灵塔，栖灵之号是本于隋代梵僧大觉遗灵之言。沧桑之变，元明以后寺塔俱圮。余于今年二月过扬州，依高洲太助公探和尚遗址，高洲公志笃追远报本，考知今法净寺即古大明寺遗址，大明寺是和尚所住，喜不可言，乃建兹碑，以记缘由。

（原载《扬州宗教》，江苏文史资料编辑部一九九一年印行，原题《古大明寺唐鉴真和尚遗址碑记》）

鉴真和尚遗址碑

［美］贝德:
《扬州十日记》不同凡响

阿·埃尔·贝德（生卒年不详），美国密西根大学教授。林语堂主持的上海西风社出版毛如升英译本《扬州十日记》时，贝德为该书作序。毛如升，江苏扬州人。

毛如升先生将《扬州十日记》一书翻译成了英文，这对于不谙中文而又对中国的历史和文化感到浓厚兴趣的西方读者来说，真是一个福音。东方和西方之间的隔阂，一向是因为语言文字方面的困难，不过近年来中英文互译工作逐渐多了起来，有力地增进了东西方之间的互相了解。而毛先生的译作《扬州十日记》，在这类译著中占有重要的地位。

对于明代的覆亡，和满人的侵入，历史学家们发表的大多是浮泛之论。而王秀楚的《扬州十日记》，却完全是用事实来说话。这本书从人类的生命与价值的角度，描绘了明清易代之际酷烈的历史真实状况。因此，后来的革命者在鼓吹革命时，之所以主张用激烈的手段推翻清朝统治者，要归功于《扬州十日记》的真实的力量。

姑且从文学的观点来看，《扬州十日记》也是一部不同凡响的作品。作者王秀楚的叙事笔法，生动而逼真。正因为生动而逼真，读起来令人惊心动魄。书中的故事，情节紧张，色彩鲜明，形象真切，前后变化一环紧扣一环，无异于一幕近代影剧。读者时而为屠城的事实感到愤怒，时而为人物的命运感到悲伤，忍不住心潮起伏，唏嘘长叹。而这种紧张的阅读情绪，是随着作者的笔触逐步开展的，所以《扬州十日记》简直可以等同于一部优秀的剧本。

《扬州十日记》的内容，开始是描写清兵包围扬州城时，城内的景况如何混乱。继而穿插了城内守军反击清军获得小胜的种种谣传，作为伏笔。最后掀起全书故事的高潮，即战争的恐怖，而整个情节便一步一步开展。其间令人胆战心惊之处，几乎让人堕入噩梦的深渊之中。只要看一遍，就一刻也不能忘记书中描写的那些场景。

《扬州十日记》一书的真切诚实，使读者无不为之感动。而其文风的质朴无华，足以证明书中所记述的绝不会是向壁虚构之事。我读毛先生的译文，觉得它保持了原书的质朴的本色。在近年来西方人读到的越来越多的英译中国书籍之中，《扬州十日记》英译本可以称得上是这类新译中的一部富有价值的作品。

一九四〇年三月三十日序于美国密西根大学

（《扬州十日记》英译本序，原载毛如升英译本《扬州十日记》，

上海西风社一九四〇年九月出版，韦艾佳重译）

罗振玉：
藏石之风未有如扬州之甚

罗振玉（1866—1940），字式如，号雪堂、永丰乡人，祖籍浙江上虞，生于江苏淮安，考古学家、金石学家。著有《雪堂金石文字跋尾序》《雪堂校刻群书叙录》等。

光绪壬午秋，予自淮安返里应乡试，归途经扬州。于书肆中得真州张氏榕园藏石墨本十余纸，皆志墓之文之出广陵者。此为予储藏墓志拓本之始。后十年辛卯，闻有李氏者藏志石一，乃扬州浚漕渠时所得。展转构求，卒假得之。文字虽多漫灭，而题署年月具存，乃杨吴李涛妻墓志也。山阳邱于蕃大令（崧生）与予同好，乃移石至其家，予则与吴县蒋伯斧部郎（黼）亲施毡拓，于是此石始传人间。嗣是广陵志石有续出者，予闻必购致，然伪迹颇间出。

今捡行箧所储，由唐泪元都三十纸，广陵先后所出，具在是矣。其大半为张午桥观察（丙炎）所藏，其少半则浭阳端忠敏公（方）督两江时所得。后张氏所蓄，又由兰陵徐积余观察（乃昌）购以归诸忠敏。及忠敏移督畿辅，诸石悉载归京邸。而李涛妻志者，则由李氏归南清河王寿萱比部（锡祺）。比部寻以商破其家，蒋君伯斧又载以庋诸所居双唐碑馆。盖自是而广陵诸石尽矣。

自人家藏石之风日炽，古刻每多转徙，然未有如扬州之甚者也。予既校写江苏诸志之在江南者为《吴中冢墓遗文》，江北诸郡所出以扬州为多，爰录为一卷。其出金陵者仅三石，不能成卷，乃别录附焉。忠敏藏石之出扬州者，尚有宋高镇买地券及唐裴公夫人韦氏（天宝九载）、崔克让（天宝十四载）、彭夫人（元和五年）三志，已著之《匋斋藏石记》。验其文字，确为伪作。予所藏墨本中，尚有唐陆氏夫人宋氏志（元和三年）与韦、崔二志出于一人之手，今删除不复入录。校缮既完，回思此编之成，上距储集之始，忽已三十有五年。当时诸同好，忠敏既完大节，比部又馁死海上，邱、蒋两君亦先后物化，风流顿尽，子则以丧乱，余生羁栖异国。宗邦西顾，尽焉神伤，转羡长逝者之一暝不视也。

呜呼，钟虡可移，遑论片石？茇楚之痛，逾于山丘。后世君子，知我心否？乙卯十一月晦。

（原载《雪堂自述》，江苏人民出版社一九九九年三月出版，原题《〈广陵冢墓遗文〉序》）

陈含光：
以扬人述扬事者刊为《扬州丛刻》

讲述人生平同前。

一郡邑在天地间，其文献风俗更千百载，必有其兴起与其变迁。著之简编，俾勿失坠，非贤士大夫谁能为之？虽然著之书矣，纸墨久而必渝梨枣，腻而易坏。日月以代明为照，薪虽尽而火传，则夫新其故而续其绝者，非有志之士君子谁能以之？

吾郡开于秦而盛于唐，由唐以来，扬州之名震天下。其事之荦荦大者，既见于列史与郡邑之志，至其文献风俗，浩穰琐细，史与志不容备也。于是载笔之士，识大识小，家铅户椠，就稽考之所得，与耳目之见闻，岁时风土之记，耆旧先贤之编，诗之而为齐讴吴趋，俚之而逮童谣里谚，并驱千轨，各挈一端。以本郡之人纪本郡之事者，为书不下十百种。使今皆存在，则扬州一郡之往迹，虽至繁极赜，千变万化，不烦晷刻，按籍可稽也。岁月代逝，简册就湮，学者日骛于新知，更数十年虽欲求残蠹零缣，有不可复得者。有马借人，

294

郭公夏五，吾乌从而知之？则即其未绝，谋永其传，岂非后死者之责耶？而财力彫劁，人物眇然，又孰从而为之？

陈君恒和，以业书自隐于市肆。慨然念此，乃裒集先哲，以扬人而述扬事者，为书若干种，合刊之为《扬州丛刻》。于是吾郡之掌故，与纪吾郡掌故之前贤，皆得托以不朽。夫使人不朽者，天必以不朽报之，则千秋后之陈君，其必不居常熟毛、姑苏席两氏之后也！

今尚愿陈君遍搜此类故籍，而续刻之。余虽老矣，尚得请而读之，以备周官诵训之士而诏后人焉。则余之私愿，亦即吾郡著述之前贤所同愿也夫！

真州陈延韡序

（原载《扬州丛刻》，陈恒和书林一九三四年印行，原题《〈扬州丛刻〉序》）

张恨水：
《广陵潮》如扬州琐碎私家故事

讲述人生平同前。

扬州李涵秋，所作《广陵潮》，在二十年前，固曾轰动一时；予以奔走南北，迄未能卒读其书。三十二年在川，沪上出版商携纸型入峡，将刊之，求序于余，并以全书见示。余翻弄数章，不能卒其事，嘱余妻代读之，庶其以大意相告，乃可执笔也。余妻抽看三四章，亦不能终篇。询其故，则答以故事杂乱，读之如治丝愈棼，令人不受任何刺激与陶醉。书中对话，执笔者之言多于书中人之言，绝似听一扬州人在座，为人讲扬州琐碎私家故事，而不能令读者对书中人发生感情。予当笑予妻蚍蜉撼树，颇不自量。予遂再取《广陵潮》读之，觉予妻之言固不尽虚也。

平情论之，若不就整个书而言，《广陵潮》截为无数段纪事文，则神来之笔，自是触目皆是。惜李氏对书中之对话未能全力以赴，而一时以作书人之介绍文渗入，章法纷然，因之伤害书中人神情不少。至故事方面，亦不外普通人情小说，完一事又连一事。但又不尽如此，仍有一部分系戏剧性人物，时来时去，极为自由。于是读者对之不发生密切关系，且亦缺乏最高潮，使读者无爱不忍释之事。使其能如老舍，以幽默置于对话，而不置于介绍，书亦当较为完好也。

虽然，此书曾一度执当年小说牛耳，书达百万言，亦非幸致。赵瓯北曰："江山代有才人出，各领风骚数百年。"信然。唯今日领风骚之年甚短，任何作家，难有二十年权威矣。

（原载《新民报》一九四六年五月十八日，原题《广陵潮估价》）

李伯通：
《丛菊泪》何以独溅于扬州？

李伯通（生卒年不详），名豫曾，号伯樵，又号北桥，江苏扬州人，晚清廪贡生。曾任扬州府中学堂、淮扬合一中学等国文教师。著有《北桥诗抄》。

丛菊何以有泪？何以不溅他处，独溅于扬州？岂其扬州有菊，他处无菊乎？非也。抑亦扬州有赏菊之人，他处独无赏菊之人，遂使菊溅溅泪落乎？又非也。时至深秋，何地无菊，何菊无泪。杜诗云："感时花溅泪。"又云："丛菊两开他日泪。"菊之有泪无泪，一似唯诗人能知，非诗人不能知。故诗人咏菊，往往流连于叶底，颠倒于花间。当菊之未花，培之植之，浇之灌之，爱护之勤，至不可言喻。及其既花，芳馨盈匊，臭味差池，不唯插瓶置缶，留以自赏，并召他人共赏。共赏维何？把以樽酒，持以蟹螯，至歌吟啸呼，而无时或释。

扬州之有冶春后社，质言之，为诗社；换言之，乃几许醉心赏菊之人，来往必以诗结合耳。时称斗方名士，大概指此。呜呼！名士自是名士，今必限制斗方？其功名不著于当时，其文章不被于后

298

世，仅仅乎一觞一咏，自赏风流。菊因人泪乎？人因菊泪乎？编是书者，则亦不能忘情扬州，而泣涕如雨。

　　盖吾扬为人文渊薮。清末民初，国体改变，其隐遁不问时事者，则有其人。于时追踪渔洋，希迹汀州，春秋佳日，每修禊虹桥瘦湖，诗酒文会，无时或间。亦或千里百里，琴剑随身，上焉争名于朝，下焉争利于市，鸡鹜竞食，牛马同皂，斯亦极四方糊口之势，而无庸为讳也。然而天时人事，变幻无常，有力争上游，列席与议，为世推重者；有参赞戎幕，匏系一官，而旅进旅退者；亦有高谈文化，应付潮流，役役然不出教育范围者。其他，或诗人或不诗人，或爱菊或不爱菊，或与冶春后社有关系而无关系，无关系而有关系。因泪及泪，人不自泪，而菊为流泪。菊本多泪，而诗人乃写菊人诗，是则冶春后社之诗，非无病而呻，乃以歌当哭也。所为七唱，多脍炙人口，亦可惊，亦可喜，惜是编不能备载。姑因书成，而序其颠末如此。

伯通自识

（原载《丛菊泪》，广益书局一九三二年出版，原题《〈丛菊泪〉叙言》）

袁克文：
《人间地狱》使后之览者知所惕惧

袁克文（1890—1931），号寒云，河南项城人，袁世凯次子。著有《洹上私乘》《辛丙秘苑》《古钱随笔》《寒云词集》《寒云诗集》等。

危世变难，寰宇嚣沸，耳目之所接，靡不兴地域之感焉。上海为万邦人士所栖止，亦群流众象屯集之区。恶汇而魑魅生，法紊而妖魔厉。毕子倚虹，深有痛焉。且也倚虹溷迹于地域者数矣，故振笔书之，了无晦蔽，使后之览者知所惕惧焉。斯功于世道之大文章，匪可仅以小说家而玩读之也。

于戏！秦庭之镜，温峤之犀，咸收于一管中矣。

甲子八月，寒云序。

附录

今世为小说家言者，众矣。坊肆之间，汗牛充栋，其能与古人相颉颃者，鲜有见焉。昔余读春明逐客所撰之《十年回首》一书，辄叹为非近代所易有，而向往其人。后于海上与逐客以文字相过从，

300

始知逐客即余十五年前故人毕遁庵先生之哲嗣，亲家方地山之表甥，合肥夸伯行太姻丈之外孙婿也。姻谊渊源，交益亲密。比者，逐客又草两说部。一曰《人间地狱》，多述其经行事，间及交游嘉话，其结构衍叙有《儒林外史》《品花宝鉴》《红楼梦》《花月痕》四书之长。一曰《黑暗上海》，则是上海近时之罪恶史也，可与李伯元《官场现形记》、吴趼人《二十年目睹之怪现状》并传。视之《十年回首》益精健矣。钱子芥尘拟为刊行《黑暗上海》一书，索序于余。爰述大概，用之为引。逐客，号倚虹，又号清波，兼擅诗文词，今之施耐庵、高则诚也。

甲子上巳，寒云子叙于日下佩双印斋

（原载《人间地狱》，一九二四年出版，扬州仪征人毕倚虹著，
原题《〈人间地狱〉序》）

杜重远：
为《闲话扬州》说几句老实话

杜重远（1898—1944），祖籍广东顺德，吉林怀德人，新闻记者，社会活动家。九一八事变后投身抗日救亡，后遭军阀盛世才杀害。著有《杜重远文集》。

　　记者原是个老实人，所以只会说"老实话"。上海中华书局出版、江苏教育厅编审科主任易君左所著的《闲话扬州》一书，据说因内容有侮辱扬州人之处甚多，如说扬州女人多为娼妓，扬州的男子多作汉奸（此系报上所载，记者并未曾拜读该书）等等，致引起扬属人士的公愤，特组织了个"查究闲话扬州书籍委员会"，向中华书局及易君左提出交涉，这件事已经闹了有不少的时候了。虽然有第三者在那里进行疏解，听说还没有什么结果。在记者此文与读者相见时，也许这纠纷已经消释，平静无事；或者是风潮扩大，都未可知。易君左与扬州人士虽各省籍不同，然究同属于中国人，同属于中华民族，记者特以同胞的资格，愿为此事件来说几句老实话。

　　该书作者易君左写该书的时候，有许多文句不妥当，致引起误会，记者虽未敢断其有心，然行文疏忽之责自是不能不负的；在另

《闲话扬州》书影

一方面说，如果根据报上所载的侮辱扬州人士最大之处为娼妓与汉奸两点，也是观察不透彻。就社会的眼光来看，无论为娼妓与汉奸，都有它的客观的原因存在着。一个人绝不是生而为娼妓与汉奸的。女子卖淫是现社会制度下唯一不可避免的罪恶，中国女子受教育的机会很少，产业不发达，找工作又困难，饭是要吃的，所以许多从农村逐出来的女子，除了极少数能得到工作外，那么，除了卖淫还有什么方法生活下去呢？这不但扬州的女子是这样，全中国其他各处的女子也都是这样。再进一步说吧，做娼妓绝不是中国女子带来的劣根性，即号称文明的国家如英国、美国、法国及日意等国哪一国又没有娼妓呢？至于说到汉奸，那也当然不只是限于江北人或扬州人，最大的汉奸郑孝胥在为"满洲国"做着官儿，他是福建人。在不久以前，首都南京还发生了一件可悲可笑的事，就是一个学生因为找不到事，觉得没有出路，一时气愤，便跑到××领事署去，自己竟要求做汉奸；此外还有许多做汉奸的，都是被××威迫利诱了去。不管有意无意，做汉奸固是不该原谅的，但这不限定是江北人。换句话说，都是中国人，只要有做汉奸的，都是我们中华民族与中国人的耻辱。

《闲话扬州》的作者因为观察不正确，致动了扬属人士的公愤，自是不幸，然而记者也希望扬属同胞不把此事件再扩大。我们要认清楚，易君左不过是文字方面不当心，也许是无心的错误，唯有那在作书上、说话上或影片上，公然蓄意侮辱我们中华民族的各帝国主义国家，尤其是×帝国主义者，才是我们真正的敌人，方值得我们去向他们作抗争。国外的华侨受尽了外人的侮辱，现在东北的同胞受尽了 × 人的侮辱；中国的租界里，中国人处处受各外国人的侮辱，很小的事如殴打黄包车夫，这一切的一切，都是帝国主义者加于我们中华民族的大侮辱。我觉得我们全中国的人能认识清楚这样的大侮辱，都一致地朝这方面去作努力的抗争，那才有很大的意义呢！

二十三年八月十一日

（原载《狱中杂感》，上海书店一九三六年十一月出版，

原题《为〈闲话扬州〉纠纷进一言》）

董玉书：
龚午亭说《清风闸》别出己意

董玉书（1869—1952），字逸沧，晚号拙修老人，江苏扬州人，作家、诗人。曾任天长县令、霍丘县令，晚年流寓北平。著有《寒松庵诗集》《芜城怀旧录》等。

龚午亭，名某，以字行，东台人。少读书，略解大义，尤好稗官小说，一见即能背诵。尝加酿嘲辞，以资谈说，风趣横生，闻者每屏弃原书，而喜聆午亭口述。适粤匪陷扬州，午亭无以为生，遂假东台茗肆，以评话自给。时下河无寇警，江北钦差大臣及经理粮饷诸达官，皆驻节泰州、东台间。豪绅巨室，亦挈家居东台避乱。闻午亭评话，肩骈踵接，几忘乱世流徙之苦。贼平后，午亭至扬州演故技，名益著。

扬州繁盛甲天下，乱后不数年，遂复其旧。湖山声伎，为四方之选。春秋佳日，都人冶游，苟无午亭评话，则坐客为之不欢。午亭评话，无不能者，而《清风闸》尤能曲尽其妙。乾隆间，扬州有富人皮封三（一作皮凤山、皮奉三——编者注），少无赖，后起家巨万，性任侠，尝为其妇翁复仇。好事者衍为小说，而托之于宋，名

306

《清风闸》。午亭用是书为名，别出己意演之，微文谀词，隐显幽隽，若身为其人，而出其心术神态以表于众者。即闻者亦不复知为数十年前事，而喜怒哀乐随之转移于不觉。及听罢，忽悟为午亭评话，则又大笑。盖午亭于人情物态，心领神会，遇事触发，无不酷肖，往往不事辞说，而自得其意于言语之外。居扬州三十年，于《清风闸》岁必演数周，而神明变化，先后不蹈袭一语，故闻者终身倾倒而不厌。上自公卿大夫，下至村妇牧竖，莫不知有午亭，其名声流布海内。道过扬州者，归日，乡人必曰："闻龚午亭《清风闸》否？"或无以应，则诽笑之，以为怪事。是以过扬州者以得闻为幸，恒夸于众，以鸣得意。当是时，扬子吴先生让之、甘泉陈处士若木以书画名天下，好事者与午亭评话并称，目为"扬州三绝"。

午亭以光绪某年卒，年七十余矣。自午亭卒后，评话有李国辉、兰玉春《三国》，名江淮间，皆自以为不及午亭。而《清风闸》以午亭故，无敢演之者。后二十年，有张捷三者，滑稽有口辩，号为午亭弟子，声音笑貌，颇似午亭，所至人争趋之。然执一而不变，故演再周，而人迹遂绝。

朱黄曰：当时说评话者，咸愿为午亭弟子。午亭笑谓之曰："我无可教，汝无可学。盖道贵自得，可以神悟，而不可以迹求也。"宜僚之丸，纪昌之射，庄周之书，屈子之赋，禹之治水，周公之治天下，何所教，何所学耶？此午亭所以空今古而独造者也。

此传是朱菊坪手撰，二十年前客北平时，抄以示余者。藏之行箧已久，今检录以存吉光片羽。菊坪，名黄，甘泉朱孝廉葵生先生

307

之子。幼弱多病，祖母钟爱之，不让多读书。初学贾，然夙闻家训，朝夕濡染，即粗解文字。弱冠后应童子试，入邑庠，由此博览四库以及稗官小说，撷其菁英，发为议论，动中肯綮。曾入交通银行，为营口分行经理数年。凌直支为财政部次长，延为秘书，钩稽出入，井井有条理。后南归，应合肥李季皋之聘，赴上海为课其孙。课暇，日与二三老友茗碗清谈，辄上下古今，纵论横议，滔滔不绝，有父风。丁丑之后，馆解归里。又客游南京，卒于旅邸，年已逾七十矣。生平著述尚伙，有《樗庵诗文集》各一卷，稿存乡人梅鹤孙处，以谋梓行。今录其遗著附书之。

（原载《芜城怀旧录》，上海建国书店一九四八年十一月出版，

原题《龚午亭传》）

闵尔昌：
方地山最擅长联语

闵尔昌（1872—1948），初名真，字葆之，号黄山，晚号复翁，江苏扬州人，文史学家。参与修纂《清儒学案》，著有《王伯申先生年谱》等，编有《碑传集补》等。

君姓方氏，讳尔谦，字地山，一字无隅，江都人也。祖长淦，诸生，候选郎中。父霈森，举人，大挑教瑜。君幼颖慧，劬于学，八岁丧母徐夫人。清光绪丙戌，学政王祭酒先谦岁试扬州，君年十五，偕弟尔咸同补诸生，时称"二方"。目君为"大方"，故君以之自署云。己丑，君弟即领乡解。君岁科试，常得高等，食廪饩。顾屡赴省闱，不中式。十七八时，即为童子师。继为其姻戚经理宝应、高淳盐务，究心利弊，深有得焉。癸卯，丁父忧，哀毁骨立。乙巳，友人在天津创行《津报》，余推毂君主撰论说，斟酌时宜，词意精警。北洋人臣项诚袁公见而嗟赏，遂延君入幕，命克文、克良诸公子从受学。北洋客籍学堂、法政学堂，亦聘君教文史。循循善诱，成就甚众，由岁贡生援例以知府候选。宣统中，新设盐政督办处，调充总务厅坐办。长宫以君熟于产销榷课之法，颇资赞画。未几，出为民芦监现官。民国初年，财政部荐任扬子淮盐总栈栈长，复调部在参事上行走，又充盐务署编纂、币制局谘议、侨务局秘书，然皆不久于其事。十六年，闻弟病，旋里。及弟殇，营丧葬甚具，明年，仍北来，遂不复南旋。

君早年服济汪、阮，好为深淳温厚之文。诗不常作，最擅长联语，雅言俗谚，情文相生，矢口而成，见者惊服。稠人广坐，辩论纵横，众以为狂，不顾也。喜聚书，嗜博览，名椠旧钞，高价购求，曾少吝。尝得宋本《舆地广记》数帙，以黄绍武旧有"百宋一廛"之名，武进某氏人谓之"百廛一宋"，乃曰："吾今可称'一宋一廛'矣。"以藏唐人写经、明清人书画甚伙，长卷短册，骈罗几席间。古代泉币，尤多精品，累累贯串，终日佩带，不离其身。尝语友人："吾虽无恒产，储物盖值巨万，足毕吾一生。"津市侨居，室家为累，频年支柱，斥卖垂尽，而君亦辞世，殆其谶欤？君体素弱，晚岁貌加丰，第不善摄养，竟以胃疾卒。实二十五年十二月十四日，春秋六十有五。著有《钱谱》《联语》各若干卷。配同县丁夫人，姜仇，并先殁。子庆庞；庆庄，出为君弟后；庆龙，早逝；庆凯，庆还。女庆欢，适仪征刘师颖；庆根，适袁家骃，即克文子也。孙十一人，女孙三人。

闵尔昌曰：君与余齐年，未冠即纳交。居乡里，极修饬，文誉飙起，长者多爱重之。阅世既深，不免与俗浮沉，纵意所适，以寓其抑塞不平之气；余人海闭门，硁硁自守，论者有陈孟公、张伯松之比焉。

天涯异地，不得常合并。余偶一至津，必过从留饭，站台相送，絮谈不休，俟车行乃返，诚所谓白头如新者。今庆庞等乞为君传，感念襄昔，不觉涕泗之横集也。

（原载《民国人物碑传集》卷九，卞孝萱、唐文权编，凤凰出版社二〇一一年九月出版，原题《方地山传》）

卢　前：
介绍一位造像家袁缺唇

　　卢前（1905—1951），字冀野，自号饮虹，江苏南京人，戏曲学者、散曲作家。剧作有《饮虹五种》等，论著有《明清戏曲史》《中国戏曲概论》等。

　　我要介绍一位造像家袁缺唇。他是兴化人，家住在扬州辕门桥；他开了一爿造像店，专用泥土捏塑人像，造个合家欢也好，只要经他的手，无不惟妙惟肖。大家叫他袁缺嘴儿，大概死了三四十年了吧？他的生意并不好，晚年尤其穷愁潦倒的。为什么这样呢？因为他这脾气太坏，第一，他说了价目，谁也不能还价。第二，约好日期钱货两交；你不去拿，他便用枷锁加在你的泥像上。

　　当地人说他父亲是个烧窑的，原住兴化北门外。在他很小的时候，有一天，和嫂嫂对坐，他忽然用泥就塑造一个他嫂嫂的像，居然逼真。大家说："你不必造砖瓦了，不如率性学造像吧。"他这样无师自通的，就暗中摸索地自学，果然学成一套本领。不过扬州不比无锡有惠山，少朋友观摩之效；又那时的画家跟捏像人在阶级上是悬殊的，不能给他们有沟通协助的机会。使我们这位民间艺人袁缺唇的艺术上的成就，不能百尺竿头，更进一步！

（原载《卢前笔记杂钞》，中华书局二〇〇六年四月出版，

原题《民间艺人袁缺唇》）

周瘦鹃:
我佩服李涵秋先生作小说的魄力

周瘦鹃（1895—1968），原名周国贤，江苏苏州人，鸳鸯蝴蝶派代表作家。著有小说《亡国奴日记》《卖国奴日记》等，散文《行云集》《花花草草》等。

我与李涵秋先生神交十年，相见却不到十次。如今李先生死了，小说界前辈又弱一个。诸同文既有哀挽的文字，纷纷在新闻纸上披露出来，我便把这第二卷第二十号的《半月》，作为李涵秋先生纪念号，也算是开了一个纸上的追悼会。我为什么要出这李涵秋先生纪念号呢？有三个意见：一、我佩服李先生作小说的魄力，他不动笔便罢，一动笔总是二三十万字的大著作。二、我尊敬他是一个忠厚长者，朋友之间，从没有刻薄的行为。三、我悼惜他在文字中奋斗了三十年，毕竟作文字的牺牲。

我年来文事太忙，动笔的时间多，看书的时间少，所以李先生各种鸿篇巨著的社会小说，大半没有看完。然如《广陵潮》《侠凤奇缘》《战地莺花录》等，都偶然地看了几回。《晶报》上的《爱克司光录》，比较地多看几回。他对于中下社会说法，确是极嬉笑怒骂的能事。《广陵潮》因为是记他故乡的情事，本地风光，见闻较切，所以更为出色。

李先生的长篇小说，我所看完全的，就是十多年前署名包柚斧应《时报》悬赏征文中选的那本《雌蝶影》。所说的是一段巴黎情史，情节很曲折，有扑朔迷离之致。李先生不知西文，听说通篇是杜撰的。但不署真姓名，而借用他好友包柚斧的大名，不知道什么缘故。

李先生是江都人，字应漳，别署沁香阁主人。身材瘦长，近视眼的程度很深，在我们多数戴眼镜的文友中间，要列在第一等了。

李先生不但是小说家，也是一个诗人。记得十多年前，曾在《小说林》杂志中见过他的《沁香阁诗草》，共有几十首诗，可惜如今已找不到了。近在仙源瘦坡山人《习静斋诗话》中发现他几首诗，便一一转录下来。

粉扑

卿亲粉泽妾亲卿，自小相依总有情。

腮颊温香郎仿佛，脸涡深浅汝分明。

生憎小饮唇留迹，每到临眠手再擎。

昨日买绒曾绣却，紫薇花屑一时倾。

同八戏制险韵，强予成艳体诗（三律之一）

寒宵衾铁梦生棱，魂到江南醒不曾。

雨印阑干初一夜，月明楼阁十三层。

枕边谁劝黄昏散，案上空遗碧焰灯。

满腹相思思忏悔，昨从雁宕访高僧。

贺某女郎二十寿

前头几日便商量，请眷邀邻事事忙。
制锦心思谋酒馔，比花颜色索衣裳。
隔宵看月惟防雨，侵晓开帘尚有霜。
最是娇羞藏不得，红毡贴地笑登堂。

新嫂妆成贺小姑，无端谑语说姑夫。
笑容微敛佯充耳，绣带斜拈尽弄须。
堂上阿兄谢生客，闺中良友尽名姝。
酒阑力倦喃喃语，生日如侬值得无。

秋夕感怀

遍阅人情感愈多，袖中片石自摩挲。
性情还我陈窠臼，儿女劳人小折磨。
任诉狂怀花不语，偶嫌孤坐月相过。
空山莫便怜岑寂，自有松涛答啸歌。

晚眺

年年境总与心违，如此江山我不归。
湖水平浮孤鹜没，晚烧欲活万霞飞。

沈沈暝雾迷村脚，瑟瑟秋风响袷衣。

赢得旁人称作达，谁言藏拙自忘机。

以上五首诗，香艳的香艳，感慨的感慨，都是可传的。断句七言如："文字能消才子福，花枝不笑主人穷。""入世胆肝寒剑戟，爱才情意溢江湖。""别有会心和月笑，偶闻奇论对花谈。""中年丝竹苍生泪，乱世文章吾道尘。""英雄偃蹇争依佛，山水精华半属僧。"都有奇气。又五言如："猧眠闲数息，鸦翅静闻声。""相思正自佳，相见意转褊。""山容依郭峭，雨气隔江昏。""名山多近水，好鸟不离花。""乱蝉兼落木，一路送斜阳。"全是锦囊佳句，耐人寻味的。

李先生和我第一通信，是在民国九年间。其时我已编辑《申报·自由谈》了。一天忽得了李先生自扬州寄来一封信，说了一番神交已久十分钦佩的客套话，并附着一篇笔记，似乎叫作《蝶怨花愁录》吧。通篇蝇头小楷，写得十分齐整。我读过之后，很为佩服，第二天就给他在《自由谈》上刊布出来。以后又曾寄了一篇来，也刊布了。《申报》自辟《自由谈》以来，李先生的作品，似乎只有这两篇，这也是很可纪念的事。

前年冬，李先生应上海《时报》馆之聘，来编辑《小时报》和《小说时报》。我得了这消息，很为欢喜，心想从此可和李先生常常聚首了。有一晚，《新申报》主人席子佩先生在倚虹楼宴客，我也在被邀之列。席间见有一个身材瘦长的客人，戴着金丝边眼镜，虽已中年，却不留须子。当下由钱芥尘先生介绍，说这一位便是李涵秋先生，我们俩彼此拱一拱手。说了没几句话，李先生连面包也不吃一块，匆匆地走了。就这没几句话中，我已观察到李先生是一个忠厚长者。

辛酉中秋日，我创办《半月》。李先生还在扬州，我知道他的通信地址是宛虹桥烟业会馆，便寄了一封信去，问他要短篇小说。李先生答应了，做了一篇《绿沈韵语》来。内容是四小篇，分做瓜一、瓜二、瓜三、瓜四，都是和西瓜相关合的。我生平爱吃西瓜，自也很欢迎这篇瓜的小说。后来出春节号，李先生又给我作了一篇《新年的回顾》，说他儿时的新年和他夫人初次相见的事，非常有趣。这两篇确是李先生自撰，并且是亲笔写的。

李先生很有风趣，也能作游戏文章。曾见某君杂记，记他的《新乐府四章》，突梯滑稽中，含着讽刺，骂尽一切。《黄包车》云："黄包车，快快走，准备今日会朋友。先送太太去烧香，后拉老爷来吃酒。算算路，二十里，二十铜子汝足矣，争多论少不知止。骂声车夫休讨死，看我拜年坐轿子。"《金戒指》云："金戒指，金煌煌，故意伸手近灯光。天不作美寒风霜，明朝要赎皮衣裳。戒指与指两手张。天下事，争不偶，忽然又遇镶边酒。想起戒指丑丑丑，拼着人前不伸手。"《纺棉花》云："纺棉花，十八扯，舞台灯光亮如水。大家争把正座包，万头耸动如毫毛。齐齐心，喊声好，喊破喉咙我不恼。眼风溜，眉峰锁，右之右之左之左。老哥适才瞧见否？秋波分明望着我。"《大菜馆》云："大菜馆，三层楼，如飞跑到楼上头。刀叉在手作作响，老饕不觉馋涎流。吃鱼肉，吃大块，生盐甜酱葱姜芥。

不甚惯吃也无奈，到底总算西人菜。"

李先生到上海后，和我见面了几次，每见总是执手相慰劳，对我说道："你太忙了，怕一天到晚没得空吧。该节劳些才是啊！"我听了这话，心中很感激。连带便想起从前亡友杨心一先生，也曾在病榻上把节劳的话劝我，如今劝我的人都已去世了，节劳的话我始终没有实践，委实有负亡友的盛意了。

去年世界书局创办《快活》杂志，本托我主持，我因《半月》的关系，谢绝了。后来硬请李先生担任，我做了一篇祝词送去。那时他早忙着编辑《小说时报》了，问我要稿子，我推辞不了，便借邻家的一段事实，作成一篇《邻人之妻》给他，刊在第一期中。在这个当儿，李先生可忙极了。同时要做五六种长篇小说，《新闻报》的《镜中人影》,《时报》的《自由花范》,《晶报》的《爱克司光录》,《快活》的《近十年目睹之怪现状》,《小说时报》的《怪家庭》,还有《商报》的一种似乎有一个鸾宇的，这名字我已记不起了。我暗暗咋舌，想他同时作这六种长篇小说，不知道如何着笔，倘若记忆力薄弱些的人，下笔时怕要把人名和事实彼此缠误咧。然而李先生却按部就班地一种种作下去了，不缠误，不中断，这样魄力真个是难能可贵了。

上海诸文友组织的青社成立，我和李先生也入社。有一晚在东亚酒楼举行聚餐会，李先生来了，有几位没见过李先生的，都争先瞻仰这小说界的老前辈。这时李先生是四十九岁，在同社诸文友中，年纪最大了。当时李先生掬着一张和蔼可亲的笑脸，操着一口低婉的扬州白，四下里忙着周旋。入座后，李先生因不喜西餐，另外点了几样中菜，仍和我们在一块儿饮啖谈笑，直到十点多钟，方始尽欢而散。

我和李先生末一次见面，是在申报馆。那一天我接到李先生一封信，内附一张辞去《快活》杂志主任的启事稿，托我代登《申报》封面。我已在那稿上签了字，预备交与广告部了，只见那字迹都不是李先生的手笔，因此起了疑，暂时搁了不发，写了个字条儿到时报馆，问李先生有没有信给我。不多一会，李先生亲自赶来了，说并没有信给我。我忙把那信和启事稿给他瞧时，他连连摇头，说并没这回事，不知是哪一个来开玩笑的。我也就付之一笑，把来信抛在字纸篓中了。接着我们又谈了一会，李先生才告辞而去。过了一两分钟，忽又走了回来说："那石扶梯上有一段没栏杆的，我不敢走下去，可能打发一个当差的扶我下去？"我答应着，即忙唤一个馆役扶了李先生一同下楼。我立在楼顶眼送着，不觉暗暗慨叹，心想青春易逝，文字磨人，李先生不过是四十九岁的人，已是这样颓唐，我到四十九岁时，怕还不如李先生咧。如今李先生死了，当时他扶在馆役臂上，伛偻下楼的样子，却至今还在我的心头眼底，不能忘怀。

过了一个多月，李先生辞去了《小时报》和《小说时报》的职，回扬州故乡去了。以后就没有见面，彼此事忙，也没有通过信。直到五月十四日，接到老友杨清磬兄从扬州第五师范寄来的信，说李先生昨晚走到街心，一跌而逝。当时我很为震悼，便作了一节小说界消息，登在《自由谈》上。《新闻报》独鹤方面也已接到李先生噩耗了。三天后，清磬又有信来，说李先生并非一跌而逝，实在是脑出血。当时我更觉得感慨不浅,想李先生的死,一定是用脑过度所致。作文字的牺牲者,朱鸳雏后,李先生是第二人了。我这回做这纪念号,多半是得杨清磬兄的相助,由他和李先生的介弟镜安先生接洽一切。借李先生遗物摄影写生,又由镜安先生抄示事略和哀挽文字,连遗像也借来了。那遗物四种,都是李先生朝夕相共的,一眼镜,二砚石,三书案上的小玉屏,四是二十年不去手的胡桃两个。如今我们看了这四种遗物,不免兴人亡物在之叹咧。

如今我这李涵秋先生纪念号告成了,总算对亡友略尽微意。一面我还得感谢杨清磬兄和李镜安先生。

(原载《半月》第二卷二十号,大东书局一九二三年出版,

原题《我与李涵秋先生》)

吴 晗：
是谁戕害了朱自清先生？

吴晗（1909—1969），字辰伯，浙江义乌人，历史学家、社会活动家。曾任清华大学教授、北京市副市长。著有新编历史剧《海瑞罢官》和《读史札记》《江浙藏书家史略》等。

真无法说这是一个什么时代，前年哭闻一多，今年又哭朱佩弦。有学问有气节有正义感的朋友，一个接一个倒下去了！都不过是中年人，都有一大堆的工作等待他们来完成。更重要的是他们确实有这勇气，这力量，这训练，来完成所献身的工作。然而，都被戕害了，被同样的暴力所虐杀；所不同的一个是有形的屠杀，一个是无形的蚀损。凶手是同一个，确确实实是同一个。

最后一次看到佩弦先生，时间是八月五日下午二时半，地点是北院十六号。

早知道他病了，还是老毛病，胃病，沉顿到不能写作的地步。不过，像半年来所知道的情形，以为休养一个半个月，便可复原，料想不到会这么严重。

有朋友从南方来，将他带来一件衣服，另一件似乎是雨靴，用

1947 年 7 月 20 日，闻一多死难周年纪念会后，朱自清与潘光旦、吴晗等合影

报纸包着的，要我带她去朱家。我事先告诉朋友，朱先生病了，不必见他，把东西交给朱太太就可以。不料正在谈话时，朱先生拄着一根手杖到客厅，他说："请原谅，我不能多说话，只是出来认识认识。"朱太太介绍一下新来朋友之后，他就进去了。

只在这半分钟内，我看他，面庞瘦削得只剩下骨头，脸色苍白，说话声音细弱，穿一件整洁的睡衣，开始感觉到病态的严重。我们原来没有意思要见他，病得这么沉重了，听说有远道朋友来，还非挣扎着，出一身汗，出来见一面，谦逊周到，他就是这样一个人。

话题转到朱先生的病，朱太太说："是老毛病，看过多少医生了，说是胃溃疡，说是十二指肠有毛病。吃不得东西，呕吐得连黄水都出来。"

远道来的朋友说："为什么不动手术呢？"接着她举出在台湾几个害胃病割治好了的例子。

朱太太没有说话。

第二天中午，听人说，朱先生已经送进医院了，动了手术，经过良好。

隔一天，又听说，有热度，十二指肠拉过了，胃上有一口子，怕还得再割一次。

再又听说转成肾脏炎，又在什么部分开一个口子，把小便排泄出来。

再一次，说是很严重，又转成肺炎了，家人和医师昼夜陪伴着。

十二日上午碰见到医院去的朋友，他是十一点三十分才离开的，说是有转机了，热度已退，大家都放了心。

下午突然看到学校秘书处发的讣告，"朱佩弦先生于本日上午十一时四十分病故北大附属医院。"

十三日上午十时在北大医院入殓，脸朝右偏，一只眼睛没有闭。

有人说，在前一天，他曾告诉朱太太："有一件事得记住，我曾经签字在拒绝美援的文件上。"

我记得，就是这个人，七月二十三日在清华大学工字厅参加"知识分子今天的任务"座谈会。他说：

> 过去士大夫的知识都用在政治上，用来做官。现在则除了做官以外，知识分子还有别的路可走。……士大夫是从封建社会来的，与从工业化的都市产生的新知识分子不同。旧知识分子——士大夫，是靠皇帝生存的，新知识分子则不一定靠皇帝（或军阀）生存，所以新知识分子是比较自由的。
>
> ……
>
> 知识分子的道路有两条：一条是帮闲帮凶，向上爬的，封建社会和资本主义社会都有这种人；一条是向下的。知识分子是可上可下的，所以是一个阶层而不是一个阶级。
>
> ……
>
> 要许多知识分子每人都丢开既得利益不是容易的事，现在我们过群众生活还过不来。这也不是理性上不愿意接

受；理性上是知道该接受的，是习惯上变不过来。所以我对学生说，要教育我们得慢慢地来。

于此，我要提出，佩弦先生，就因为你不肯帮闲帮凶，就因为你肯接受时代的智慧。一面，你为人民所崇敬，为青年所追随；一面，你困穷，你疾病，你以病躯过度劳作，吃进去的是草，挤出来的是奶，你滋养了教育了下一代，你，也因之被戕害。

这一次座谈会是他最后一次出席的公开集会。

再向前的一次是清华学生自治会举行的闻一多先生两周年纪念会，地点在同方部，时间是七月十五日下午九时。

这一天很热，我们同坐在第一排。电灯关了，两支烛光，背后是栩栩如生、长髯飘拂、含着烟斗的一多画像。你站在台下，用低沉的声音报告一多全集编纂和出版的经过。

一多全集的出版，我曾经说过，没有你是出版不了的，两年来你用大部分时间整理一多遗著。我记得，在这两年内，为了一篇文章、一句话、一封信，为了书名的题署，为了编纂人的列名，以及一切细枝末节，你总是写信来同我商量。只有我才能完全知道你对亡友著作所费的劳心、心血。但是，一多遗集你竟不及见了，也许，两周内，一月内，书到了我手里，送到你府上时，看到的是你的遗像。你的书房空了，再也看不到书桌上的手稿、烟灰碟上的烟蒂。你想，教我怎么样能忍着眼泪进你的门，怎么样能把一多的书面交你的夫人和孩子，而不痛哭？

你费了偌大的力气精神编集一多著作，你的著作由谁来编？

你，万千青年所景仰所追随的导师、褓母，撒手而去了。你的工作、岗位，谁能代替？谁能继续？

再也听不到你的声音了，再也看不到你的笑貌了，再也读不到你随时在提高随时在前进的新著作了。在朋辈里失去了最崇敬的先进，在青年群里失去了最被热爱的先生，在文化界失去了一个擎旗的大将，在民主运动里失去了一个谨严细密的学者！

我们要含着眼泪追问，是谁戕害了朱佩弦先生？

这是一个什么时候、什么世界？

一九四八年八月十四日上午十一时于清华园

（原载《吴晗杂文选》，人民文学出版社一九七九年十二月出版，

原题《悼朱佩弦先生》）

李警众：
扬州素尚繁华

李警众（生卒年不详），安徽寿州人，作家，著有《胆汁录》《破涕录》。

一

扬州琼花观高等小学校初创办时，聘某新学家为教员。某为沪上某校毕业生，染时下习气颇深，好作大言，自诩于各科学无所不精。先担任理化教程，因说理过深奥，不合学生程度，诸生相约不上其讲堂。校长出而周旋之，令改充算学教习，不意又为学生所窘。因自请于校长，谓诸生过于桀骜，愿改任修身一科，以诱之使驯。校长又许之。某于是与学生谆谆道修身事，学生益厌闻之。一日，因教科书中有"××"二字，遂力劝诸生切不可××，致戕贼其生命。诸生皆童冠，大半未喻其旨。间有二三黠者，则俱窃窃笑。然自是以后，全校学生即以此两字为口头禅，且往往借作讦毁他人之语，不曰某某在讲堂上××，即曰某某因××得病而请假。校长闻之，深为骇诧。乃诸生又谓，××之事本非吾侪所知，因某先生谆谆教诲，始能辨其利害。某闻语大窘，遂不能安于其位而去。

二

邗江某士，性放诞，好作诙谐语。偶过丛林，见众僧做道场，戏阑入，难一僧曰："分明'南无'，何谓'那摩'？读别字矣！"僧徐徐笑而答曰："先生不尝读'于戏'为'呜呼'乎？今而后，先生如'于戏'，小僧则'南无'，先生不'呜呼'，小僧也不'那摩'。"某士为之丧气，然是僧也不俗矣。

三

扬州素尚繁华，公馆条子，弥望皆是。故大人一项，尤觉数见不鲜。有侨寓扬州之某大人，其门有电杆为志。大人每日必至教场茶肆品茗，某少年知其底蕴甚详，曾作诗以调笑之云："四人轿子两人抬，不是乡绅非宪台。月白衫儿何俊俏，禾蓝顶子费疑猜。门前旗杆高高竖，屋内台基暗暗开。最是教场茶室里，堂倌高叫大人来。"

四

　　盲翁负鼓，信口开河，名曰"说淮书"。其言荒诞不经，实有令人闻而失笑者。尝于扬州教场内，见有少妇鸣锣鼓而唱曰："一马闯在锅塘里，啊呀！还要烧死了，掉过头来奔（去声）水缸。"

（原载《破涕录》，民权出版部一九一四年出版）

蔡云万：
清代扬州繁华甲于全国

蔡云万（1870—？），字选卿，江苏盐城人，县学生员，曾做幕僚、编辑、塾师。

金国灿

专制时代，州县官本七品阶级，每加五品虚衔，其威权即能熏灼人。思之可恨，有时亦可以快人意者。扬州有评话家金国灿，以说《平妖传》最著名，时有谚云："要听金国灿，不要吃中饭，吃过中饭没处站。"可谓盛极一时。每当夏秋间，富商宦家，好于晚餐后招往说数段书以消遣，非多金预订，灿尚不易惠临。一日，有前两淮都转之公子某，偶来广陵访旧，闻灿名，命仆往邀，灿竟托词不来。某公子大怒，翌日片书数语，"金国灿在某茶园高搭板台，妖言惑众，希即酌加惩儆，以端风化"云，送至县署。江都县奉片后，立饬差提灿来，笞责一百板。所谓"妖言"，即指《平妖传》也，从此无人过问，灿遂愤邑以终。

何莲舫

何君莲舫，扬州人也，奇才天授。以清咸丰朝名翰林，值洪杨之役，正需才孔急之秋，固宜克展其抱负，乃竟未能以功名终，较之巡抚刘孟蓉、按察使李次青，其遭际尚不如也。君曾入曾文正公幕中，文正深契之。一日，大宴宾僚，君亦附末座，筵间众宾纵谈时事，欢饮未终，君已即席赋成七律四章，均分切适间所谈各事迹。文正大叹异之，即开签押房后之壁橱，取出运盐江票十张以赠之（按：当时江票价银，每张值千两有奇），其赏识可谓特异矣。后以道员即补，遂参预军事，方谓可腾骧云路。自来奇异之才，深藏不露者盖鲜，辄好臧否人物，睥睨当世，徒作一时快谈，不虑及招至丛怨。扬州某中丞，与君本系同乡，因事积不相能，遂借端劾参君，奉旨革职，永不叙用。君不得已，郁郁归来，以撰述自排遣，后曾刊有诗文专集。未几，某中丞亦因事被谴责罢职，旋又奉旨开复。归时，扬城绅士公题"孤忠格天"额迎送之。两家居址，望衡对宇，君先期侦知，题"一败涂地"匾额，遍邀扬城绅士，亦同日迎悬。于是与君交谊素笃者，再四苦劝，谓此举可罢。君仅允迎而不悬，众友云："君所题额，各界已周知，悬固不必，迎亦不必也。"君怏怏勉从众议。窃念君以"一败涂地"四字，对"孤忠格天"四字，兼为本身写照，可谓工巧极矣。予因忆王勃《滕王阁序》有云"屈贾谊于长沙，非无圣主；窜梁鸿于海曲，岂乏明时"，未尝不为君废书一叹，兼为予自叹也。

規模闊古人爭看

肝膽清新冷不邪

何蓮舫集東坡詩李贊

何蓮舫墨迹

偶话扬州

郑板桥先生系兴化县人，兴化旧属扬州府，故板桥刊有"扬州兴化人"五字印章。曾有咏扬州句云："千家养女皆教曲，十里栽花算种田。"袁子才先生阅及此联，拟将"算"字改为"当"字，以为"算"字不脱口，自是通论。并论及板桥工八股文，善书画，诗间有可采，如"月来满地水，云起一天山"之句，与咏扬州之联，同为可传之句。（按：板桥咏扬州一联，骤读之，似觉扬州不愧为名胜之区，地方有繁盛气象，其实习俗奢侈，已可于言外得之。）

郑板桥

江苏兴化郑板桥先生，名燮，字克柔，板桥其别号也。工画兰竹，善诗词书法，以隶、楷、行三体相参，古秀独绝，尤为中外所倾慕。以进士分发山东作县令，刊有"七品官耳"四字印章。嗣因为地方请赈，忤大吏罢归。其为人可谓才德兼备，清史《文苑》有传。邑乘称书画名家，其实书名远过于画，零缣尺幅，得者珍若球图。江西龙虎山正乙真人，因厅事前须楹联一副，雅慕先生书法与文名，派员赍金求撰联并书。先生对使者索润笔银一千两，来使实带有五百两，意先生系索价之虚数，或可推情相让，遂以原银奉上，约日取件。来取时，仅予上联一扇，云："龙虎山中真宰相。"询以下一扇，答曰："未曾写，君只送到一扇润资，故只写一扇。"使者无奈，将一扇带回，据实面告真人。真人展阅，以此联续对不难，唯何处觅得此书回家？不得已，复拨银五百两，交前使者带来。先生得银，即约翌日来取件，下联云："麒麟阁上活神仙。"先生睥睨亲贵权要，对于贫士文人，下至贩夫走卒，则又亲爱之，不暇跌宕为豪，疏狂自喜于此可见。与袁子才先生同时，一为书画家，一为词章家，均负盛名，均以甲榜作县令，互慕已久，迄未有面晤机缘。一日，误传子才病故，先生闻而大哭，后知系误传。未几，得把晤于友人席上，知己快逢，倾谈不倦，子才赋有句云："闻死误抛两行泪，论才不觉九州宽。"才人爱才人，其契洽者深矣。

铁牛之遗迹

曩客淮扬军署，有役必从橐笔征尘，极水陆奔驰之苦，大江南北及运河两岸足迹几遍。马棚湾与清水潭相距约七八里，中有铁牛湾，予曾数过其地，多喜徘徊瞻眺于其旁。铁牛形类常牛，屈四蹄伏于地，昂首向右，若有所顾。邵伯镇关帝庙之右亦有铁牛一，状与铁牛湾之牛略同。洪泽湖边属高良涧附近有铁牛九，每相距一二里，俗呼为"九牛湾"。予之姊丈邓君家在湖边，为河工委员，予因得亲见九处铁牛，然均莫明其安置之义。询之土人，或云铸牛以驱怪，当日许真君追捕水怪时曾骑一神牛，怪见真君即骇走，遥见有牛卧于堤上，仍疑真君在其处，即奔窜不敢稍停。或又云水不得过牛鼻，验之信然。每见群牛虽渡大河，鼻均昂出水外，铸牛所以示压镇之法。相传如此，未知孰是。予按高家堰曾为元人所掘决，其时疑朱太祖赴里下河，计以淹没之水直抵苏州阊门，淮扬各郡县均成汪洋。嗣水渐退，盐阜东兴各县居民俱系由苏迁来，插草为标，分地种植。朱明定鼎，修筑高家堰时，刘青田先生曾巡视一周，相度形势，各处铁牛均为青田所铸，择地安顿之，其取义当为镇压水患无疑。本年水灾如此之巨，为百年来所未见，各处铁牛能否有限制水患之效力，不可得而知矣。

扬州八大总商

扬州为自古名盛之区，屡见咏于唐贤诗中，如李白之"烟花三月下扬州"，杜牧之"春风十里扬州路"是也。隋炀帝慕扬州之盛，特幸江都，竟至亡国，李义山所以有"春风举国裁宫锦，半作障泥半作帆"吊古之作也。炀帝将幸扬州，曾有留别宫妃句云："我慕扬州好，征辽亦偶然。但留颜色在，离别只今年。"扬州为帝王所向往，其地居重要可知。清代八大总商麋集扬州，其繁华甲于全国。乾隆南巡，总商办理迎奉事宜，每家辄用千数百万不以为异，回宫时训诸皇子云："汝等欲享福，须投身扬州总商家才好呢！"按乾嘉时代，物阜民康，仰食于各总商者以数十万家计。而各总商亦复豪阔异常，崇尚文艺，门下食客以及秋风游客，或挟有一技之长者，均易得有啖饭处，俨乎今日之上海。曾有士人投诗于总商家，无如诗字均劣，商读而厌恶之，遂书四句于原笺上云："如此诗词如此字，也来扬州打把事！快快给银三十两，叫他别处去献世。"可见阔绰之一斑。陶文毅公澍未得志时，曾过扬州，有总商家轻慢之。后澍为两江总督兼管盐政，遂借整顿两淮盐务剔除弊端为言，将八大总商奏裁。论者谓，澍实报复前恨，而扬州从此衰落，迥不如前矣。

清水潭

清同治年间，上河清水潭崩决，里下河各州县横被水灾，清代三百年仅一见。予童年即闻父老言之，先大夫每于酒后茶余亦详言之，是"清水潭"三字久印人脑筋矣。然所闻者，大都系各州县被灾惨状，而所谓清水潭者，尚茫然不知属于何地也。民国八年，供职淮扬护军使署，居停晋省必与偕，清水潭遂得数过其地。但往来多属舟行，不过听榜人于计程时云及已过清水潭若干里。嗣因运河筑坝浚深，改由陆行，徒步走四十里，始悉界首距马棚湾二十余里，马棚湾距清水潭七八里，中间尚有铁牛湾。予至其处，徘徊瞻眺，快慰可知。回忆四十余年心所向往之者，今日适得亲临，当日若何冲决，已无迹可寻。询之土人，云：邵伯镇之南面与清水潭接壤，当河决时，水声闻数十里，决处渐阔，势如山倒，历数日夜未止。直至上流水尽就下，而决口之水势始稍杀，下河各县已尽成泽国。水所冲射之处，荡激泥土，围逾数顷，成一大塘，深不可底及。至水退，虽历六七十年之久，而塘深犹数丈，邵伯居民均呼为"南塘"。予曾往塘边游行一周，此为当日决口时所遗之真迹也。予时立堤上左右望，觉堤高约三丈余，堤根居民之屋高不及堤。运河宽约五六丈，对岸之堤高亦相等。堤根宽约二丈余，间有倒卸间缺之处，时见石块堆累堤上者，系备不时修补之需。堤外即为高邮湖，想见当时湖水盛涨，直灌运河，运河猝不能容，遂酿成里下河莫大之水灾。此予今日默察两岸形势而推论之也，窃愿我省总办水利者加之意焉。

陈六舟

仪征陈六舟先生，以本省人监临本省乡试。自维昔年曾经辛苦之地，今日对于乡人不可不存优待之意，因致意学宪，录科不遗一榜，尽赐及第，遂多搭两千余芦席浮号。及至夜间，秋风四起，灯光摇曳不定，文战诸生徒教烛烬三条，虽邀得意疾书之乐，不得已群趋先生处要求移号。然此时实已无策可施，先生篝灯复起，作诗以曲慰之，云："只愁夜雨循墙下，差胜秋风彭棹回。"意谓席号虽属蜗居，较之请缨无路返棹归故乡者，不犹愈耶？诸生感其意出优待，亦只得各自归号而已。

（原载《蛰存斋笔记》，一九三六年自费刊行）

图书在版编目（CIP）数据

最是多情广陵水 / 韦明铧编. —— 苏州 : 古吴轩出
版社, 2024.6
（城事百年 / 李继锋主编）
ISBN 978-7-5546-2096-0

Ⅰ. ①最… Ⅱ. ①韦… Ⅲ. ①城市史－扬州 Ⅳ.
①K295.33

中国国家版本馆CIP数据核字(2024)第041450号

责任编辑：戴玉婷
装帧设计：鹏飞艺术
责任校对：鲁林林

书　　名：**最是多情广陵水**
编　　者：韦明铧
出版发行：苏州新闻出版集团
　　　　　古吴轩出版社
　　　　　地址：苏州市八达街118号苏州新闻大厦30F
　　　　　电话：0512-65233679　　　邮编：215123
出 版 人：王乐飞
印　　刷：三河市中晟雅豪印务有限公司
开　　本：889 mm×1270 mm　　1/16
印　　张：22.5
字　　数：235千字
版　　次：2024年6月第1版
印　　次：2024年6月第1次印刷
书　　号：ISBN 978-7-5546-2096-0
定　　价：39.80元

如有印装质量问题，请与印刷厂联系。0316-3225515